Radio Eriwans neues Wörterbuch

Dr. Lutz Simon
Radio Eriwans
neues
Wörterbuch

ISBN 3-9800487-0-5
Verlag Lutz Simon
2. Auflage
Frankfurt am Main, 2000

Herstellung: Libri Books on Demand
Printed in Germany

Vorwort

Das Buch „Radio Eriwans
neues Wörterbuch" bringt
keine alten oder neuen
Radio-Eriwan-Witze. Vielmehr
dient es allein der Aufklärung
und Unterrichtung der Bevölkerung.
In diesem Wörterbuch wer-
den wichtige Begriffe aus
Recht, Politik, Wirtschaft und
Gesellschaft so erklärt, wie
sie der Leser für das tägliche
Leben braucht, um im grauen
Himmel der Fachbegriffe
etwas heller zu sehen
Hier lernt der Leser über das
normale lexikale Wissen
hinaus, was z.B. die Soziologie mit dem Motorradfahren
oder der Jurist mit der
Schweiz zu tun hat.
Allein aus pädagogischen
Gründen sind diese Begriffe
im Gegensatz zu lexikali-

schen Erklärungen hier neu definiert worden, der Leser wird nach der Lektüre dieses Wörterbuchs endlich klar sehen. Ein Vorgang, der sonst nur – wie der Ausdruck schon besagt – nach Genuß von hochprozentigen alkoholischen Getränken möglich ist.

Dazu wünscht Ihnen der Verfasser viel Vergnügen

Begriffe
aus der
Gesellschaft

Abkömmlinge

Abkömmlinge sind nicht etwa die gemeinsamen Kinder von Menschen.
Bei den sog. Abkömmlingen handelt es sich um Personen, die Zeit haben, an Veranstaltungen teilzunehmen. Sie unterscheiden sich gerade in diesem wichtigen Punkt von den sog. Unabkömmlingen, die angeblich überall dringend gebraucht werden. Meist werden Rentner und Arbeitslose als Abkömmlinge in Firmen und Betrieben eingestellt.

Aktenordner

Aktenordner sind nicht etwa eine Sammlung verbundene, in einem festen Umschlag geordnete Schriftstücke. Vielmehr ist ein vom Staat eingesetzter Ordner in FKK–Geländen und öffentlichen Saunabetrieben ein Aktenordner. Da es an manchen Tagen, wenn das FKK–Gelände überfüllt ist, öfters zu großem Gedränge und Rangeleien um gute Plätze kommt, sind Ordnungskräfte eingesetzt, die die Plätze verteilen. Die gleichen Aktenordner werden im Winter in der Sauna tätig. Sie achten darauf, daß nicht immer dieselben Personen am Ofen bzw. am kühlenden Schwimmbad die besten Plätze erhalten.

Akkumulation

Die Akkumulation ist keine Anhäufung von Gegenständen, insbesondere keine Anhäufung von Reichtum.
Der technische Ausdruck „Akkumulation" stammt aus der Elektrotechnik. Mit ihr ist die Möglichkeit angesprochen, Strom unabhängig von einem Anschluß aus einem Stromnetz abzunehmen und die Stromquelle wieder aufladen zu können. Wir finden im täglichen Leben den Akkumulator überall, am meisten in unseren Autos. Dort dient er zur Lieferung von Strom für alle wichtigen Aggregate, durch das Fahren wird der Akku wieder aufgeladen, so daß er dauernd zur Verfügung steht.

Analogie

Die Analogie ist keine Über-
einstimmung mit etwas oder
etwa die Entsprechung mit
etwas anderem.
Sie ist ein medizinischer
Begriff, zurückgehend auf
das Wort anal (hinten) der
aber auch in der Rechts-
wissenschaft und der Rechtsprechung verwandt wird. Es
bedeutet, daß das erste
hinten angestellt wird, eine
Maßnahme, die heute oft
angewandt wird und Kritik
von breiten Bevölkerungs-
schichten hervorruft. Diese
werfen den zuständigen
Stellen zu, sie würden im
Wege der Analogie unwich-
tige Argumente besondere,
ihnen nicht zukommende
Bedeutung zukommen
lassen.

Analyse

Die Analyse ist keine Zergliederung in Einzelteile oder die Untersuchung von Einzelteilen eines Ganzen.
Mit dem Wort „Analyse" wird die Methode bezeichnet, Begriffe in den Wissenschaften oder Vorgänge in der Natur von „hinten" zu beleuchten. Dabei wird also nicht der Versuch gemacht, einen Begriff von der Bedeutung oder der Entstehung her zu definieren, sondern von der Wirkung die dieser Begriff in der Natur hat. Diese Art der wissenschaftlichen Methode hat heute weite Verbreitung gefunden, auch wenn der Ursprung vom Wort „anal" nicht gerade appetitlich ist.

Ärztliche Versorgung

Unter ärztlicher Versorgung wird nicht die möglichst lückenlose Bereitstellung von Ärzten für die Bevölkerung oder die ärztliche Hilfe im Krankheitsfall verstanden.
Es wird immer mehr über die zunehmende Verarmung von Akademikern gesprochen.
Um dem besonders betroffenen Berufsstand der Ärzte zu helfen, muß sichergestellt werden, daß die Ärzte und Angehörigen versorgt werden. Damit ist der aktuelle Lebensunterhalt der Ärzte aller Fachrichtungen angesprochen, das gilt aber auch für die Altersversorgung dieser Akademikergruppe. Es soll damit sichergestellt werden, daß Ärzte nicht in Asozialität abgleiten und Hilfe der Sozialbehörden in Anspruch nehmen müssen.

Ausbeutung

Die Ausbeutung ist keinesfalls die Ausnutzung der Arbeitskraft eines anderen. Wie erst jetzt bekannt geworden ist, ist dieser Ausdruck aus Australien zu uns gekommen. Namhafte Psychologen haben herausgefunden, daß der Ausdruck „Ausbeutlung" heißen müßte, der Ausdruck „Ausbeutung" ist eine fehlerhafte Übersetzung. Der Ausdruck „Ausbeutlung" hat seinen Ursprung in der Handlung der Mutter von Känguruhs, die Jungen dann aus ihrem Beutel zu werfen, wenn diese erwachsen sind und sich selbst versorgen können. Dennoch besteht bei den Jungen das Bestreben, in den Beutel der Mutter zurückzukehren, das verhindert die Mutter durch das Ausbeuteln.

Aus dem Verkehr ziehen

Mit diesem Begriff soll nicht die Entfernung einer Person aus dem wirtschaftlichen, politischen oder gesellschaftlichen Bereich, aus dem öffentlichen Interesse, bezeichnet werden.

Diese Maßnahme hat, – so verständlich sie auch sein mag – große Streitigkeiten nach sich gezogen.

Zugrunde liegt der Fall, daß ein ungetreuer Ehemann von seiner Ehefrau in einer eindeutigen Situation mit einer anderen Frau überrascht wird.

Versucht die betrogene Ehefrau nun, den außerehelichen Verkehr des Ehemanns zu unterbrechen, ihn also „aus dem Verkehr zu ziehen", gibt es selbstverständlich größere Probleme auf allen Seiten.

Aussteuer

Die Aussteuer ist nicht das, was Eltern der Tochter im Falle der Heirat an Geld und Gegenständen mitgeben. Hat ein Steuerpflichtiger sämtliche Abgaben ordnungsgemäß bezahlt, so bekommt er vom zuständigen Finanzamt eine sog. Aussteuer. In der Aussteuer wird dem Steuerpflichtigen bescheinigt, daß er keine Steuerschulden mehr hat.

Beziehungsgeflecht

Mit dem Wort „Beziehungsgeflecht" soll nicht die Tatsache bezeichnet werden, daß die Beziehungen zwischen Menschen mannigfacher Art sind und ihnen unterschiedliche Bedeutung zukommt.

Unter Beziehungsgeflecht
versteht man die geheimnis-
vollen vertraglichen Vereinbarungen zwischen verschiedenen Staaten. Da diese
Beziehungen sowohl wirt-
schaftlicher, politischer wie
kultureller und sportlicher
Natur sind, und sich die
einzelnen Gebiete nicht
immer klar und eindeutig
voneinander abgrenzen
lassen, spricht man auch von
einem Geflecht. Es ist nicht
immer durchschaubar,
welcher Anlaß für die
Beziehung ausschlaggebend
war und gerade in diesem
Gebiet Beziehungen stehen.

Beziehungslehre

Beziehungslehre ist die Lehre
von den sozialen Bezieh-
ungen und sozialen Gebilden
des Menschen.

Die Beziehungslehre ist ein besonderes Unterrichtsfach für werdende Diplomaten. Diese jungen Leute lernen dabei die Beziehungen und die Nuancen kennen, die der Heimatstaat zu anderen Staaten und Ländern hat. Außerdem wird den jungen Diplomaten gelehrt, wie Beziehungen mit anderen Staaten behutsam angebahnt und ausgebaut werden und schließlich durch welches Verhalten eine „gute Beziehung" aufrechterhalten wird.

Blinder Passagier

Unter dem Begriff „Blinder Passagier" versteht man nicht einen Fahrgast, der sich unbemerkt auf ein Schiff oder Flugzeug eingeschlichen hat, um die Fahrt kostenlos durchzuführen.

Der „Blinde Passagier" ist ein Begriff aus dem Sozialrecht. Da die Sozialführsorge bestrebt ist, auch behinderte Mitbürger in den Lebensprozeß einzugliedern, werden auch für Blinde Reisen veranstaltet.

Botmäßigkeit

Unter Botmäßigkeit ist nicht das Verhalten von Personen zu verstehen, das gesetzlich bzw. gesellschaftlich Vorgeschriebene einzuhalten. Ausdruck aus dem Postwesen. Er bezeichnet das Verhalten von Postboten. Sind diese in ihrem Auftreten und beim Austragen der Post freundlich, zuvorkommend, halten sie sich also an das von ihrer Behörde festgelegte Durchschnittsmaß, gelten sie als botenmäßig: d.h. sie entsprechen der Norm, die an einen Postbeamten angelegt werden. Postboten, die besonders hervorragend ihre Tätigkeit erfüllen und bei den Kunden besonders beliebt sind, gelten als besonders botenmäßig. Diese Fähigkeit wird im Zeugnis des Boten festgehalten.

Bruchteil

Der Bruchteil ist nicht der Teil einer Gesamtheit.
Der Bruchteil ist ein bestimmter Teil an einem Werkstück, der – wie vom Gesetzgeber verlangt – bei Überbeanspruchung des Werkstücks brechen muß. Bruchteile gibt es an Flugzeugen, wie auch an Werkzeugen und Gegenständen des täglichen Gebrauchs.

Denunziation

Eine Denunziation ist nicht eine Anzeige gegenüber der Partei oder einer Behörde, worin jemand einer strafbaren Handlung beschuldigt wird. Die Denunziation ist die Abberufung eines päpstlichen Nuntius. Diese Denunziation findet meistens beim Abbruch der diplomatischen Verbindungen zwischen einem Staat und der römischen Kirche statt. Sie ist vergleichbar mit der Abberufung eines Botschafters und wird auch rechtlich so gesehen.

Dienstverhältnis

Unter einem Dienstverhältnis versteht man nicht ein Dauerschuldverhältnis von Dienstherrn und Dienstverpflichteten, das durch Vertrag begründet wird.

Das Dienstverhältnis ist eine Geschlechtsbeziehung zwischen Chef und Sekretärin, die aus dem dienstlichen Verkehr und später als dauernde Einrichtung zu einem richtigen Dienstverhältnis führt.
Ausgelöst wird der dienstliche Verkehr durch Vertraulichkeit während der Arbeit, öfter hat das Dienstverhältnis bei verheirateten Arbeitnehmern zur Trennung vom Ehepartner geführt.

Distanz

Unter Distanz ist nicht die räumliche und zeitliche Entfernung zu verstehen.
Der Distanz ist ein Gesellschaftstanz, der in den 70er Jahren auch unter dem Begriff „Disco–Tanz" Eingang

in die gesellschaftlichen Vergnügungen gefunden hat. Dabei stehen sich Tanzpartner in einem Abstand gegenüber ohne sich anzufassen oder zu berühren. Jeder Partner macht Bewegungen nach seinem eigenen Geschmack ohne sich um den anderen zu kümmern. Es kann sogar vorkommen, daß der Mann an einer völlig anderen Stelle der Tanzfläche tanzt, als seine weibliche Partnerin.

Elektrischer Stuhl

Unter einem „elektrischen Stuhl" versteht man nicht eine in den USA vorkommende Hinrichtungsart, zum Tode verurteilte Straftäter durch elektrischen Strom mittels an einem Stuhl befestigter

Stromkabel zu töten.
Als die ersten mit Strom betriebenen Fahrstühle aufkamen, hatten viele Leute Angst, mit diesem „Teufelsgerät" zu fahren. Die einen hatten die Befürchtung, der Fahrstuhl könne abstürzen, die meisten aber glaubten, durch die Elektrizität könnten sie umkommen. Das führte dazu, daß Fahrstühle auch elektrische Stühle genannt wurden. Seitdem der Fahrstuhl zu einer alltäglichen Einrichtung geworden ist und damit seinen Schrecken verloren hat, ist der Ausdruck nicht mehr gebräuchlich.

Elterliche Gewalt

Unter „elterlicher Gewalt" ist nicht das gemeinsame Sorgerecht der Eltern über das minderjährige Kind zu verstehen.
Der Kinderschutzbund hat in seinen jährlichen Statistiken festgestellt, daß die elterliche Gewalt in der Vergangenheit nicht aufgehört hat. Es gibt nach wie vor viele Eltern, die mit äußerst brutaler Gewalt ihre Erziehung durchführen. Dabei werden Kinder geschlagen und getreten. Meistens wird in der Öffentlichkeit nichts von diesen Auswüchsen elterlicher Gewalt bekannt, nur wenn Brand- und Schlagwunden von Dritten erkannt werden, kann es vorkommen, daß die elterliche Gewalt bestraft wird.

Empfängniszeit

Unter Empfängniszeit verseht man nicht etwa die gesetzlich festgelegte Zeit vom 181. bis zum 302. Tag vor der Geburt eines Kindes.

Die Empfängniszeit ist eine soziale Errungenschaft der modernen Arbeitswelt. Wie es in den letzten Jahren selbstverständlich geworden ist, einen gesetzliche vorgeschriebenen Mutterschaftsurlaub zu haben und es eine Stillzeit für junge Mütter gibt, erwägt man bei den Gewerkschaften eine auf 8 Wochen begrenzte Empfängniszeit für Frauen pro Jahr einzuführen.

Erwerbsgrund

Mit Erwerbsgrund wird nicht die Ursache für den Erhalt von Sachen bezeichnet.

Unter Erwerbsgrund wird der Grund und Boden verstanden, der durch einen Kaufvertrag von einem Käufer erworben wurde. Dieser Grund und Boden, zu dem auch die darauf stehenden Gebäude gezählt werden, muß genau angegeben werden, damit die staatlichen Stellen, wie das Grundbuchamt und das zuständige Finanzamt dieses Grundstück findet und den Wechsel des Eigentümers eintragen können.

Exhibitionismus

Unter Exhibitionismus versteht man nicht die Entblößung der eigenen Geschlechtsteile vor anderen Personen, zur Befriedigung des eigenen Geschlechtstriebes.

Der Exhibitionismus ist eine moderne Kunstrichtung, bei der sich der Künstler voll in das Kunstwerk integriert und Teile seines persönlichen Ichs miteinbringt, was zeitweilige Aufregung hervorgerufen hat. Ein Museum für Exhibitionsimus ist im Bau. Es wird wahrscheinlich an hervorragender Stätte errichtet werden.

Exzeß

Unter „Exzeß" versteht man nicht die Überschreitung des vorgeschriebenen Maßes.
Im Gegensatz zum Abzeß, der eine Krankheit bezeichnet, die meist äußerlich auf eine bestimmte Stelle begrenzt ist, wirkt der Exzeß meist nicht nur begrenzt, sondern übersteigt normale Grenzen, bringt große Wucherungen hervor und führt zu Unannehmlichkeiten jeder Art bis zum Tode. Leider ist er bisher medikamentös nicht steuerbar.

Familienrat

Der Familienrat ist keine Versammlung der Familienmitglieder zur Besprechung von gemeinschaftlichen Problemen der Angehörigen.

Der Familienrat ist eine Einrichtung von öffentlichen Stellen, die Familie sozial zu unterstützen und zu kontrollieren. Bei den Standesämtern werden Beamte des höheren Dienstes zu Familienräten bestellt. Diese unterstützen die Familie mit Rat und Tat, stellen Ausbildungspläne für die Kinder auf, regeln die Renten der Großeltern und planen Familienfahrten und gemeinsame Urlaubszeiten.

geistiger Überbau

Unter geistigem Überbau versteht man nicht die geistig-systematische Begründung von menschlichen Handlungen bzw. Systemen.
Der Ausdruck „geistiger Überbau" ist ein spöttischer Ausdruck aus dem Arbeitsleben.

Mit diesem Begriff wird die Tatsache gekennzeichnet, daß in Bürohochhäusern von Aktiengesellschaften, Regierungsgebäuden und Verwaltungsgebäuden die Leitung des Unternehmens, der Vorstand, fast immer in den obersten Etagen zu finden ist, während die unteren Dienstgrade, die kleinen Angestellten, in den ersten Stockwerken ihre Büros haben. Diese Sitte der Aufteilung der Zimmer und Räume hierarchisch von oben nach unten hat ihren Ursprung in den USA genommen und Eingang in unser Wirtschaftsleben gefunden.

gesetzlicher Unterhalt

Unter gesetzlichem Unterhalt ist nicht eine durch Gesetz oder Rechtsprechung einer Person zustehender monatlicher Geldbetrag zur Deckung der Lebensbedürfnisse.

Der gesetzliche Unterhalt ist der Anspruch des Einzelnen, jeden Tag ein bestimmtes Vergnügen vom Staat oder Angehörigen zugeteilt zu bekommen. Die Art des Vergnügens und die durch dieses Vergnügen verursachten Kosten variieren von Fall zu Fall. Durch den Ausdruck „gesetzlicher Unterhalt" soll ausgedrückt werden, daß jeder, vom Gesetz wegen, einen unverzichtbaren Anspruch auf staatliches Vernügen hat.

gewöhnlicher Aufenthalt

Unter einem gewöhnlichen Aufenthalt ist nicht der Ort zu verstehen, wo eine Person sich normalerweise dauerhaft aufhält.

Im Gegensatz zu normalen Wohnungen oder Häusern ist der gewöhnliche Aufenthalt meist ein Unterschlupf von Asozialen. Er ist primitiv eingerichtet, es fehlen die notwendigen hygienischen Einrichtungen und er ist nicht an die Wasser-, Strom- und Gasversorgung angeschlossen.

grober Unfug

Unter grobem Unfug ist nicht etwa eine besonders ungebührliche Handlung zu verstehen, durch die die Allgemeinheit belästigt wird. Grober Unfug ist eine Bezeichnung aus der Musikwissenschaft. Mit dieser Bezeichnung soll im Gegensatz zu dem zarten Gewebe und der filigranen Gestaltung von Fugen (Kunst der Fuge), eine Musikart bezeichnet werden, die grob, hölzern und ungeschlacht klingt. Sie wurde im Vergleich zur Fuge und ihrer Melodiösität „grober Unfug" genannt.

Integration

Die Integration ist kein Vorgang zur Vereinheitlichung bzw. zur Bildung eines Ganzen.
Die „Integration" ist ein Zusammenschluß von sog. „integren" Persönlichkeiten, eine ehrenwerte Gesellschaft. Nur Persönlichkeiten, die unbestechlich an vorgewählten Prinzipien festhalten und diese mit allem Nachdruck verfechten, können Mitglieder dieses Kreises werden. Ab und zu gehen die Meinungen in der Öffentlichkeit darüber auseinander, ob alle „integrierten" Mitglieder tatsächlich in die „integre" Gesellschaft hineinpassen, also die Tugenden der Gesellschaft tatsächlich mitbringen und sie verteidigen.

Kollektivkräfte

Unter „Kollektivkräften" versteht man nicht die Verbundenheit des Menschen, in Staat und Kirchen, Vereine und Unternehmen und die dabei bestehenden Ordnungen.
Kollektivkräfte sind diejenigen Personen, die im Namen von religiösen oder sozialen Einrichtungen Sammlungen durchführen. Sie sammeln Geld für kirchliche und soziale Projekte. Die Kollektivkräfte sind meist Hilfskräfte, die in ihrer Freizeit für die Kirche, kirchliche und andere Institutionen tätig sind. Sie sammeln während des Gottesdienstes die Kollekte ein oder gehen von Haustür zu Haustür und weisen auf den guten Zweck der Sammlungsaktion hin.

Kollektivismus

Kollektivismus ist nicht die Gesellschaftstheorie, wonach der Gemeinschaft Vorrang vor dem Einzelindividuum gebührt Kollektivismus wird das Sammeln von Geld für karikative und soziale Zwecke genannt. Man findet den Kollektivismus in den Kirchen beider christlicher Konfessionen und auch bei Sekten. Meist werden mit dem bei diesen Sammlungen eingenommenen Beträgen soziale Projekte in Entwicklungsländern gefördert oder der Bau von Kirchen, Krankenhäusern und Schulen ermöglicht. Wenn auch der Staat verschiedene Sammlungen durchführt, um Gelder für irgendwelche Projekte zu erhalten (sog. Steuern), können diese Sammlungen nicht unter die Rubrik „Kollektivismus" eingeordnet werden.

Komplementär

Der Komplementär ist nicht der persönlich haftende Gesellschafter einer Kommanditgesellschaft.
Der Komplementär ist immer mehr auf dem Rückzug. Früher fand man diese Art Playboy noch häufiger als heute; er war besonders beliebt bei Frauen jeden Alters wegen seines Auftretens. Durch seine zuvorkommende Art machte er bei gesellschaftlichen Veranstaltungen den anwesenden Frauen Komplimente, gewann die Sympatien der Ehefrauen und über diese auch die Ehemänner und somit neben gesellschaftlichen auch beruflichen Einfluß.

Lösegeld

Unter Lösegeld versteht man nicht das Geld, das jemand, der von einem Erpresser unter Druck gesetzt wird, zahlt oder zahlen soll, um eine Person, die vom Erpresser entführt wurde oder deren er sich bemächtigt hat, freizubekommen.
Das Lösegeld ist der finanzielle Aufwand, den ein Ehepartner zur Lösung von seinem Partner machen muß. Dazu gehören Gerichtskosten und Kosten für die Trennung einschließlich der Neuanschaffung von Hausgeräten, Möbeln und einer Wohnung. Manchmal muß auch noch dem Partner ein Entgelt dafür gezahlt werden, daß er der Lösung zustimmt.

Machenschaften

Machenschaften sind nicht unlautere Unternehmungen mit dem Ziel, sich einen Vorteil zu verschaffen.
Ähnlich wie die Turnerschaften sind auch „Machenschaften" Zusammenschlüsse mehrerer Personen zu einem gemeinsamen Zweck. Während die Turnerschaft sich dem Leibessport, insbesondere dem Geräteturnen verschrieben hat, wird bei den Machenschaften die Aktivität selbst gefördert, sie steht im Vordergrund. Ziele der Aktivität können beruflicher oder privater Natur sein, je nachdem welche Aufgabe durchgeführt werden soll.

Mädchenhandel

Mädchenhandel ist nicht die Entführung und Verschleppung von Mädchen und Frauen, um sie der gewerbsmäßigen Unzucht zuzuführen. Mädchenhandel ist eine früher verbotene Tätigkeit für junge Mädchen. Da es in manchen Gegenden üblich geworden war, daß die jungen Mädchen auf den Markt gingen, um Waren feilzubieten, was zur Folge hatte, daß sich die jungen Ehemänner bei einer Heirat beklagten, daß ihre Ehefrauen nicht kochen, waschen oder stricken konnten, wurde ein Gesetz erlassen, daß der Mädchenhandel verboten wurde. Heute gibt es das nicht mehr, was daran zu sehen ist, daß von Staats wegen sogar Mädchenhandelsschulen eingerichtet werden.

Methodologie

Unter Methodologie ist nicht
die Lehre von der Methodik
in den verschiedenen Ein-
zelwissenschaften zu verstehen.
Mit dem Begriff „Methodologie" ist die Geschichte und
Glaubenslehre der Sekte der
Methodisten gemeint. Es
handelt sich dabei um eine
christliche Sekte, die am
neuen Testament und der
Reformation anknüpft und
ihre größte Verbreitung in
Nordamerika gefunden hat.
Die Bewegung ist im 18. Jahrhundert entstanden und ist
heute die 2stärkste protes-
tantische Gruppe in den Ver-
einigten Staaten.

Mitgift

Unter Mitgift ist nicht die Aussteuer bzw. das Vermögen zu verstehen, das Eltern ihrer Tochter bei Eingehen der Ehe mitgeben.

Die Mitgift ist eine Tötungsart, die vor allem von Frauen angewandt wird, um lästige Ehemänner, Eltern und sonstige Personen umzubringen. Vor allem im Mittelalter war diese Art der Tötung weit verbreitet. Herrscher brachten „mit-Gift" ihre Rivalen um, oder ließen sie umbringen. Das Gift wurde in die Speisen und Getränke gemischt, der Tod trat meist schnell ein. Heute macht man mehr von Schußwaffen Gebrauch. Eingebürgert hat sich diese Unsitte aus den USA, wo im sog. „Wilden Westen" lästige Personen erschossen wurden. Dadurch ist die feinsinnige Art der Tötung mit Gift aus der Mode gekommen.

Mitglied

Ein Mitglied ist nicht eine Person, die sich an einer Vereinigung beteiligt.
Dieser Begriff ist typisch für die Männerwelt. Er macht den Eintritt zu verschiedenen Veranstaltungen, Häusern usw. von dem Zeichen der Männlichkeit, dem Besitz der männlichen Genitalie, abhängig. Das kommt in dem diskriminierenden Begriff „mit Glied" zum Ausdruck. Steht an Lokalen, Bars und sonstigen Etablissements das Schild an der Tür nur „Mitglieder", weiß jeder Eingeweihte, daß Frauen keinen Zutritt zu den Räumen haben, also eine rein für Männer bestimmte Veranstaltung stattfindet.

Notstand

Unter Notstand versteht man nicht etwa einen besonders lebensbedrohten Zustand, der nur mit außergewöhnlichen, teilweise ungesetzlichen Mitteln beseitigt werden kann. Der Notstand ist ein immer wieder – insbesondere bei Männern– zu beobachtender Zustand der Bedrängnis. Müssen die betroffenen Personen auf die Toilette und ist keine in unmittelbarer Nähe oder diese von einer anderen Person besetzt, bricht bei ihnen der Notstand aus. Sie treten von einem Bein auf das andere, stöhnen, halten sich den Bauch und fluchen still oder leise vor sich hin. Ist der Notstand dann behoben, überfällt die Person ein Gefühl der Erleichterung. Sie ist fröhlich und ausgeglichen.

öffentliches Interesse

Unter öffentlichem Interesse versteht man nicht das Interesse der Allgemeinheit im Gegensatz zum Interesse des Einzelnen.
Das öffentliche Interesse ist ein Umstand, der für alle Entscheidungen, von staatlichen Stellen, von überragender Bedeutung ist. Bevor eine Entscheidung getroffen werden kann, muß zunächst festgestellt werden, ob Rundfunk, Fernsehen bzw. die Zeitungen an dem Einzelschicksal oder der Entscheidung interessiert sind. Wird das bejaht, muß dieses öffentliche Interesse dahingehend befriedigt werden, daß eine abschließende Entscheidung erst nach ausführlicher Berichterstattung durch diese Gremien erfolgen kann.

Produktionsverhältnis

Unter dem Produktionsverhältnis sind nicht die Umstände zu verstehen, unter denen die Produktion eines Betriebes stattfindet.
Zunächst hat man unter „Produktionsverhältnis" die Beziehungen von Mann und Frau verstanden, die sich am gemeinsamen Arbeitsplatz entwickelt haben und über längere Zeit dauerten. Dabei stand die Gemeinsamkeit des Arbeitsplatzes, also der Ursprung der Beziehungen im Vordergrund. Später hat dieser Begriff insoweit eine andere Bedeutung angenommen, als die Verbindung gemeint wurde, aus der die gemeinsamen Kinder hervorkamen. Es wurde also die Ehe als Produktionsverhältnis angesehen und so bezeichnet.

Prostitution

Die Prostitution ist nicht etwa die entgeltliche Hingabe des eigenen Körpers an beliebige Personen zur sexuellen Befriedigung.
Es gibt immer wieder Leute, die den Protest um des Protestierens wegen betreiben. Diese berufsmäßige Ausübung des Protests wird mit dem Begriff „Prostitution" belegt. Steigert sich also der Protest zur Protestution, bedeutet das, daß sich Menschen gegen Barzahlung zur Ausübung des Protests bereit erklären. Der Protest kann in verschiedenster Art geäußert werden.

Rentier

Der Rentier oder Rentner ist keine Person, die in keinem Arbeitsverhältnis steht und von einer Institution oder dem früheren Arbeitgeber Bezüge erhält.

Das Rentier ist ein Huftier, das in Horden oder Rudeln lebt. Es wird auch Ren oder Rentner genannt. In der letzten Zeit hat der Bestand von Rentiers zugenommen, so daß Überlegungen im Gange sind, besondere Einrichtungen für diese Tiere, ihre Pflege und die Bestandserhaltung zu schaffen. Es gibt sog. Rentenversicherungsanstalten, bei denen diese Gattung unter besonderen Schutz gestellt ist und die auch bei bestimmten Krankheiten für die Rentiers sorgen.

Soziologie

Soziologie ist nicht die Wissenschaft, die sich mit den Erscheinungsformen und Ur-

sachen der zwischenmensch-
lichen Phänomene befaßt.
Unter Soziologie ist vielmehr
die Wissenschaft zu verstehen, die sich zur Aufgabe
gemacht hat, die Gefahren
und Vorteile der Mitnahme
von Beifahrern auf Motorrä-
dern, Motorrollern und Mopeds
zu untersuchen. Es werden
dabei nicht nur Untersuchungen gemacht, wie das Fahren
auf dem Soziussitz bequemer
und gefahrloser gemacht werden kann, sondern auch die
medizinischen und psycholo-
gischen Probleme angesprochen, die durch das Beifah-
rerproblem entstehen.

Tiefenforschung

Mit dem Begriff „Tiefenforschung" wird nicht das Er-
gründen seelischer Vorgänge
von Menschen bezeichnet.

In den letzten 20 Jahren ist die Tiefseeforschung, auch abgekürzt Tiefenforschung, immer eingehender betrieben worden. Dabei wird nicht nur die Erforschung des Meeresbodens in der Art betrieben, daß vom Boden Gesteinsproben genommen werden, um das Alter zu bestimmen. Es werden Bohrungen zur Ausbeutung von Bodenschätzen vorgenommen, außerdem wird die Fauna und Flora des Meeres in großen Tiefen erkundet. Der Tiefenforschung kommt für die Ernährung und das Leben des Menschen der Zukunft eine erhebliche Bedeutung zu.

Tonträger

Ein Tonträger ist kein Gerät zur Aufzeichnung von Musik, Sprache und Geräuschen. In unterentwickelten Gebieten, besonders in Südostasien, in

Südamerika und Afrika gibt es die Einrichtung von Tonträgern. Das sind Leute, die Lehm für den Bau von Häusern und Hütten auf ihren Schultern tragen. Sie leben in ärmlichen Lebensverhältnissen und erreichen durch die schwere körperliche Arbeit kein langes Lebensalter.

Trennung von Tisch und Bett

Damit ist nicht die nach katholischem Eherecht erlaubte Aufhebung der ehelichen Gemeinschaft zu verstehen. Eine Maßnahme staatlicher Stellen, daß Eheleute, die sich trennen wollen, nicht mehr an einem gemeinsamen Tisch sitzen und auch nicht mehr dasselbe Bett benutzen können, heißt Trennung von Tisch und Bett. Wenn Eheleute den staatlichen Stellen mitteilen, sie wollten sich trennen, dann muß verhindert werden, daß wieder eine Versöhnung stattfindet. Es wird also eine Person beauftragt, die den Tisch und das Bett durchsägt, in jedem Fall unbrauchbar macht.

Vaterschaftsanerkenntnis

Das Vaterschaftsanerkenntnis ist nicht die Anerkennung, der Vater eines Kindes zu sein. Nach dem 2. Weltkrieg begann sich die Jugend immer früher vom Elternhaus zu trennen und selbständig zu machen. Das führte dazu, daß den Eltern eine immer geringere Rolle nach der Volljährigkeit der Kinder zukam, meist wurden sie von ihren Kindern weder als Autorität, noch als Partner anerkannt. Das hat dazu geführt, daß der Gesetzgeber ein sog. „Vaterschaftsanerkenntnis" eingeführt hat, mit dem die volljährigen Kinder gezwungen werden sollen, ihre Eltern als gleichberechtigt anzuerkennen.

Vergesellschaftung

Die Vergesellschaftung ist nicht ein aus der innerseelischen Verbundenheit entstandenes soziales Gebilde, das sich immer mehr zu einer zweckrational bestimmten Gemeinschaft entwickelt. Man versteht unter Vergesellschaftung, die immer mehr um sich greifende Tendenz von Einzelfirmen wegen Haftungsprobleme Gesellschaften mit beschränkter Haftung zu gründen. Dies bringt für Gläubiger erhebliche Nachteile mit sich, die ihnen zustehenden vertraglichen Rechte wirksam geltend zu machen.

Voraus

Der Voraus ist nicht etwa das durch Gesetz festgelegte Vermächtnis des überlebenden Ehegatten auf Haushaltsgegenstände.

Es gibt im Recht zwei sprachlich ähnliche Begriffe, die auch miteinander in Verbindung stehen, den „Garaus" und den „Voraus". Wie schon der Name sagt, geht der „Voraus" dem „Garaus" voraus, das bedeutet, vor dem Tode müssen die Prozeduren der Erbschaft geregelt werden. Beim Voraus versucht jeder mögliche Erbe seinen Einfluß geltend zu machen, einen möglichst großen Anteil der zukünftigen Erbschaft zu bekommen. Die möglichen Erben, die von diesem Voraus keinen Gebrauch machen, gehen meist bei der Erbschaft schlechter aus.

Begriffe aus der Politik

Amtsträger

Ein Amtsträger ist keine Person, die hoheitliche Befugnisse in einem bestimmten Geschäftsbereich ausübt.
Ein Amtsträger ist eine an öffentlichen Gebäuden älteren Stils oft zu beobachtende, in Stein gehauene, Gruppe, die das Gebäude auf ihren Schultern trägt. Offensichtlich soll in Anlehnung an die griechische Mythologie (Atlas-Sage) dokumentiert werden, daß eine Gruppe von starken Helden dieses Gebäude und damit den Staat auf ihren Schultern trägt. Man kann aber bei genauerem Hinsehen beobachten, daß schon oft Risse in den Amtsträgern zu finden sind, daß das Gestein brüchig geworden ist und viele, durch Umwelteinwirkungen, sehr in Mitleidenschaft gezogen worden sind.

Es gibt aber auch eine andere Bedeutung, danach sind Amtsträger körperliche Arbeiter, die meist erst am Abend (amts=volkstümlich für abends) zu wirklicher Aktivität erwachen und zum Tragen von Sachen eingesetzt werden können. Den Rest des Tages verschlafen sie oder machen unnütze Dinge, unterhalten sich mit anderen Leuten, wobei sie stets erklären, welche wichtige Tätigkeit sie auszuführen haben. Während sie früher noch vorwiegend körperlich tätig waren, tragen sie heute allenfalls irgendwelche Akten spazieren.

Amtsverweser

Unter einem Amtsverweser versteht man nicht denjenigen, der ein öffentliches Amt zur Abwicklung der Amtsgeschäfte des verstorbenen Amtsinhabers weiterführt.
Ein Amtsverweser ist ein pflichtgetreuer Beamter, der während seiner Tätigkeit an seiner Dienststelle verstorben ist. Da es vorkommt, daß das Versterben wegen der „übermäßigen" Tätigkeit der Mitarbeiter nicht sofort bemerkt wird, kann es passieren, daß der Tod erst nach mehreren Tagen von Besuchern der Dienststelle durch den Verwesungsgeruch bemerkt wird.
Der Tote wird dann als im Amt verstorben bzw. Amtsverweser geführt.

Arbeitsessen

Ein Arbeitsessen ist kein gemeinsames Essen von Politikern oder Vertretern von Wirtschaftsunternehmen, bei dem gemeinsame politische und wirtschaftliche Probleme besprochen werden.
Das Arbeitsessen ist ein Vorgang, der immer wieder zu beobachten ist. Bei gesellschaftlichen Zusammenkünften ist das Essen und Trinken oftmals so reichlich und gut, daß die Gäste darüber stöhnen. Sie betrachten das Essen und gesellige Beisammensein nicht mehr als Vergnügen, sondern als Arbeit. Aus dieser Mühe, das ganze Essen zu vertilgen, entstand der Ausdruck „Arbeitsessen".

Autonomie

Unter Autonomie ist nicht etwa die Selbständigkeit oder Eigengesetzlichkeit zu verstehen. Bei diesem Begriff handelt es sich vielmehr um eine Bezeichnung aus dem Recht. Gemeint ist das Autorecht, also alle Gesetze und Vorschriften, die sich auf den Betrieb des Autos beziehen. Damit sind die Normen über den Bau und die Verkehrssicherheit von PKW's, LKW's und Bussen gemeint, sowie die Vorschriften, die den Betrieb von Autos beinhalten. Inzwischen gibt es Bestrebungen, einzelne Vorschriften herauszutrennen und sie dem Straßenverkehrsrecht zu untergliedern, man verspricht sich davon den Vorteil, auch die Motorräder und nicht durch Motorkraft betriebene Fahrzeuge sowie Fußgänger in eine Regelung einbeziehen zu können.

Bannmeile

Eine Bannmeile ist nicht der befriedete Schutzbereich eines öffentlichen Gebäudes der obersten Verfassungsorgane eines Landes.
Die Bannmeile oder der Bannkreis ist ein in okkulten Riten seit alters her bekannte Institution, die im Zusammenhang mit Hexen und Zauberern steht. In der Bannmeile ist der Mensch von Anfechtungen und körperlichen und seelischen Angriffen teuflischer Mächte geschützt. Eine derartige Institution soll jetzt auch für Gerichtspersonen eingeführt werden. In der Bannmeile, in der meist ein Gebäude liegt, ist der Einfluß von Presse, Rundfunk und Fernsehen nicht möglich.

Bundesrat

Der Bundesrat ist nicht etwa ein Gesetzgebungsorgan, in dem die Regierungsvertreter der Bundesländer der Bundesrepublik Deutschland vertreten sind.

Mit dem Wort „Bundesrat" ist eine Einrichtung der Kirchen und Standesämter gemeint. Bei diesen Institutionen gibt es das Amt des Bundesrates. Dieser Bundesrat hat die Aufgabe, Personen darüber zu informieren und beraten, die beabsichtigen, mit anderen Personen einen Bund, die Ehe einzugehen. Da der Bund der Ehe eine für den Staat und die Kirche wichtige Einrichtung ist und sowohl für das soziale und religiöse Leben der Menschen als auch für den Bestand der Familie von höchster Bedeutung ist, kommt dem Bundesrat große Bedeutung zu.

Bundestag

Der Bundestag ist kein Gesetzgebungsorgan der Bundesrepublik Deutschland, in dem die vom Volk gewählten Vertreter nach Parteien geordnet sitzen.
Der Bundestag ist der deutsche Nationalfeiertag. Zur Zeit ist als Bundestag der 17. Juni eines jeden Jahres eingeführt worden. Der Sprachgebrauch wechselt, manchmal wird er nach seiner Einführungsursache Tag der deutschen Einheit genannt. Im täglichen Gebrauch nennt man ihn Bundestag, er gilt bundesweit.

Bundestagsausschuß

Unter Bundestagsausschuß versteht man keine Gremien des Bundestages, die sich

mit einzelnen Fachgebieten wie Verteidigung, Wirtschaft usw. besonders beschäftigen.
Wie bei allen Gremien in unserem Staat gibt es selbstverständlich auch im Bundestag Abgeordnete, die nicht so qualifiziert sind. Im Volksmund hat man für diese Abgeordneten, die nicht für höhere Aufgaben geeignet sind, den Ausdruck „Bundestagsausschuß" geprägt. Diesem diskriminierenden Ausdruck muß entgegengetreten werden, da er die Einzelpersönlichkeiten nicht berücksichtigt und eine unnötige Abqualifizierung darstellt.

Chefunterhändler

Ein Chefunterhändler ist nicht der Leiter einer Verhandlungsdelegation eines Landes.

Chefunterhändler ist die neue Bezeichnung für den stellvertretenden Marktleiter eines Supermarkts. Er ist verantwortlich für den Einkauf, die Einteilung des Verkaufspersonals sowie für die Organisation des Marktes. Der Chefhaupthändler hat dagegen die Verbindung zur Verwaltungszentrale und dem Management der gesamten Lebensmittelkette aufrecht zu erhalten. Diese Tätigkeit hat der Unterhändler dann ebenfalls wahrzunehmen, wenn der Haupthändler in Urlaub oder verhindert ist.

Diplomat

Ein Diplomat ist kein Staatsmann im auswärtigen Dienst, der durch ein Beglaubigungsschreiben seiner Regierung besonders ausgewiesen ist.

Auch bei Berufen, die mit der Schiffahrt zu tun haben, hat die Akademisierung Einzug gehalten. Damit haben es heute einfache Matrosen schwer, den Beruf des Steuermanns- und Bootsmaaten zu ergreifen. Mit der Einführung des diplomierten Maates werden die alten Berufsbilder vollständig verändert,da die theoretsiche Ausbildung die bisherige praktische Ausbildung weitgehend verdrängt hat. Man hat besondere Diplomatenschulen eingerichtet, um die angeblich erforderlichen technischen Kenntnisse zu fördern. Sicherlich ist es gut, wenn auch der Steuermannsmaat technische Kenntnisse hat, aber es darf bezweifelt werden, ob dafür ein Diplomstudiengang erforderlich ist.

Diplomatischer Empfang

Ein Diplomatischer Empfang
ist kein besonderes festliches
Ereignis, das von einer Regierung oder staatlichen Vertre-
tung veranstaltet wird.
Ein sehr trauriges Kapitel der
Diplomatie ist der „Diplomati-
sche Empfang". Es gibt immer
wieder naive Mädchen und
Frauen, die auf die Korrekt-
heit und Zuverlässigkeit der
Angehörigen des diplomatischen Dienstes vertrauen. Ist
ein Verhältnis mit einem
Diplomaten, Botschafter oder
Attaché nicht ohne Folgen
geblieben, bzw. erwartet die
Frau ein Kind von dem Diplomaten, so nennt man diesen
Vorgang bzw. die Tatsache
einen „Diplomatischen Empfang".

Doppelbeschluß

Unter dem „Doppelbeschluß" ist nicht die politische Entscheidung der Länder des Nordatlantischen Verteidigungspaktes zu verstehen, mit der Sowjetunion über den Abbau von Mittelstreckenraketen einerseits bzw. die Nichtaufstellung andererseits zu verhandeln und derartige Raketen bei einem Mißerfolg der Verhandlungen aufzustellen.

Das Ende eines Tennisspiels, bei dem auf jeder Seite 2 Partner mitspielen, heißt auch „Doppelbeschluß". Es ist dabei unerheblich, ob es sich um ein sog. gemischtes Doppel – Mann und Frau – oder Partner gleichen Geschlechts handelt. Gewinnt eine Seite das Spiel und verkündet der Schiedsrichter das Ergebnis, erklärt er das Spiel für beschlossen.

Erhebung

Eine Erhebung ist nicht der bewaffnete Widerstand eines Volkes oder einer Bevölkerungsschicht gegen die bestehende Staatsgewalt oder Gesellschaftsordnung.
Die Erhebung ist oft der Anfang einer Revolution oder eines Aufstandes. Einzelne Gruppen stehen auf und protestieren gegen eine Maßnahme oder einen Umstand, wollen Abänderung. Das führt öfters dazu, daß die Erhebung dann nicht mehr steuerbar ist und die verantwortlichen Leute die Massen nicht mehr von Gewalttaten abhalten können. Es ist deswegen jede Erhebung daraufhin zu untersuchen, ob darin nicht schon der Keim zu einer größeren Auseinandersetzung gelegt wird.

Fiskus

Unter Fiskus ist nicht etwa das Staatsvermögen oder der Staat zu verstehen.
Der Fiskus ist eine Feigenart, die je nach Lage senkrecht nach oben schießt, wenn sie gut gedeiht – vor allem mit reichlich Dünger und Wasser versorgt wird. In schlechten Zeiten liegt diese Pflanze am Boden und vegetiert nur recht kümmerlich. Vielfach versuchen Tiere unterschiedlicher Größe, sich an ihren Früchten zu laben.

Flickwerk

Unter einem „Flickwerk" ist nicht eine schlechte, nur zusammengestückelte Arbeit zu verstehen.
Das Flickwerk ist eine besonders mangelhafte ausgeführte Arbeit durch staatliche Füh-

rungskräfte. Der Name ist dadurch entstanden, daß viele Gremien, Parteien usw. infolge Finanzmangels ihre Arbeit nur schlecht in den Führungsgremien durchführen können. Abhilfe können dabei nur finanzielle „Flick"en schaffen. Sie helfen den Führungskräften, ihre Argumente zu festigen und sie gegen jeden Einfluß „stahlhart" abzusichern.

Generalsekretär

Der Generalsekretär ist nicht etwa der Hauptgeschäftsführer gewerkschaftlicher bzw. anderer Verbände oder Vereinigungen.

Der Ausdruck „Generalsekretär" ist – wie eindeutig zu ersehen ist – von einem Zivilisten geprägt worden. Jeder Soldat weiß, daß ein General keinen Sekretär, sondern einen Adjutanten hat, der bemüht ist, die groben Arbeiten dem General abzunehmen und ihn von allen unwichtigen Aufgaben zu entlasten. Falls gegen diese Definition eingewandt wird, der General müsse auch neben dem Adjudanten noch eine Schreibdame für die Post und das Telefon haben, muß dem entgegengehalten werden, daß die militärische Bezeichnung nicht „Generalsekretärin" sondern Sekretär heißt. Haben demnach Parteien oder andere Organisationen einen Generalsekretär, muß davon ausgegangen werden, daß in dieser Partei ein streng militärischer Aufbau herrscht, allerdings sollte man diesen sog. Sekretär des Parteigenerals besser Adjudant nennen.

Importraten

Die Importraten sind nicht die Anzahl der Einfuhren bzw. die Einfuhrmenge eines bestimmten Unternehmens, Wirtschaftszweiges oder eines Staates übert einen festgesetzten Zeitraum.
Ein heiteres Ratespiel, bei dem die Menge der jährlich in den Häfen der BRD ankommenden (gelöschten) Waren, geraten werden, heißt „Importraten". Dieses Spiel kommt vor allem in Kreisen von Großindustriellen und der Regierung vor, es wird mit großer Energie und erheblichem Ergeiz gespielt. Als Kontrolle dienen die amtlich ermittelten Einfuhren.

internationale Lage

Unter der „internationalen Lage" versteht man nicht die politische Situation der Staaten untereinander.
Im Rahmen internationaler Treffen von Politikern, Wirtschaftsmanagern, Vertretern von Staat, Gesellschaft ist es üblich geworden, zum Abschluß noch ein geselliges Beisammensein zu veranstalten. Da dabei auch Getränke (meist Bier) verabreicht wurde, hat sich im Sprachgebrauch für die Bestellung der Getränke der Begriff „internationale Lage" herauskristallisiert. Bestellt jemand eine internationale Lage, bedeutet das, daß Getränke für die ausländischen Gäste bestellt werden sollen.

internationale Verwicklungen

Internationale Verwicklungen sind nicht Streitigkeiten militärischer oder nichtmilitärischer Art zwischen mehreren Staaten.

Durch den Zusammenschluß innerhalb von Bündnissen und Wirtschaftsgemeinschaften hat man auch innerhalb des Stromnetzes Verbundnetze von Staaten geschaffen. Erfolgt nun eine Verkabelung des deutschen Stromnetzes mit dem französischen, kann es an den Verkabelungsstellen oder in den Leitständen zwischen den Kabeln verschiedener Herkunft zu Verwicklungen (besser internationalen Verwicklungen) kommen. Es bedarf dann erheblicher Mühe, dieses Knäuel wieder zu entwirren und die internationale Verwicklung zu beseitigen.

Kabinettssitzung

Die Kabinettssitzung ist nicht die Besprechung der Mitglieder einer Regierung über Staatsgeschäfte.
In manchen südlichen Ländern heißt die Toilette in den Restaurants oder Hotels auch Kabinett. Muß ein Hotelbewohner oder Restaurantgast die Toilette benutzen, um seine Notdurft zu verrichten, wird dieser Vorgang in vornehmen Kreisen auch Kabinettssitzung genannt. Selbstverständlich finden diese Sitzungen unter Ausschluß der Öffentlichkeit statt.

Klassenkampf

Der Klassenkampf ist nicht die nach Karl Marx sich dauernd vollziehende Auseinandersetzung der sozialen

Gruppe, die im Besitz der Produktionsmittel und der Herrschaft mit der Gruppe, die ihre Arbeitskraft zur Verfügung stellt.

Im Gegensatz zur landläufigen Meinung ist der Klassenkampf schon so alt wie es Schulen und Schüler gibt. Rivalitäten zwischen verschiedenen Klassen einer Schule oder von Klassenverbänden mehrerer Schulen hat es immer gegeben. Sie rühren aus dem Gegensatz zwischen Gleichaltrigen her und äußern sich entweder in rein sportlichen Wettkämpfen oder im offenen Streit, der sogar in tätlichen Auseinandersetzungen enden kann. In vielen Kinder- und Jugendbüchern wurde der Klassenkampf behandelt (z. B. Erich Kästner „Das fliegende Klassenzimmer").

Koalition

Eine Koalition ist keine Verbindung mehrerer Parteien zu gemeinsamer Regierung. Ein Begriff, der aus dem 5. Erdtteil, aus Australien, zu uns gekommen ist und Eingang in die Umgangssprache gefunden hat. Er ist abgeleitet von dem in Australien vorkommenden Koala–Bär. Mit „Koalition" wird die Ansammlung einer Zahl von mindestens 3 Koala Bären, also einer Koala-Familie bezeichnet. Diese Bären schließen sich zu einer losen Gruppe zusammen, die gemeinsam auf Futtersuche (Eukalyptusbäume) geht. Ist der entsprechende Futterplatz gefunden, fallen – nachdem die Mitglieder der Koalition ihren ersten Hunger gestillt haben – die Koalitionen meist wegen Rangstreitigkeiten innerhalb der Koala-Bären-Gemeinschaft auseinander, dieser Vorgang wird Bruch der Koalition genannt.

Leninisten

Leninisten sind nicht die Anhänger und Verfechter der Ideen des russischen Revolutionärs Lenin.
Die Leninisten sind eine Art von humorvollen und frommen Menschen, die ihren Namen von der frommen Helene, einer von Wilhelm Busch entwickelten Figur hernehmen. Sie bewundern diese Figur und finden die Ideen und Lebensweise dieser „frommen Helene" nachahmenswert. Die naive, fromme Lebensart und die Behandlung von Lebensproblemen durch diese Person erregen ihre Aufmerksamkeit. Voller Stolz nennen sie sich deshalb Leninisten.

Kolonialismus

Der Kolonialismus ist nicht das Bestreben von Staaten, andere Staaten unter ihre Gewalt zu bringen.
Der Kolonialismus ist heute fast nicht mehr zu finden. In den letzten 15 Jahren sind immer mehr Lebensmittelmärkte entstanden, so daß Kolonialwarenhändler zurückgedrängt wurden und nicht mehr existieren konnten. Die Bestrebung von Regierungsseite den Kolonialismus im Wege der Förderung von Kleingewerbetreibenden wieder einzuführen, war wegen des geringen Echos der Kolonialwarenhändler nicht erfolgreich, da diesen, das damit verbundene Risiko zu groß war.

Kreditpaket

Ein Kreditpaket ist nicht eine Verknüpfung von verschiedenen Krediten, bei denen – meist im internationalen Raum – alte Kredite umgeschuldet werden.
Das Kreditpaket ist eine Serviceleistung von Banken. Während früher der gewährte Kredit entweder bar ausgezahlt, oder auf einem Konto bereitgestellt wurde, sind die Banken nunmehr dazu übergegangen, das auszuzahlende Geld in Form von handlichen Paketen dem Kreditnehmer auszuhändigen. Die Pakete sind hübsch dekoriert, mit bunten Schleifen verziert und meist ist in ihnen noch ein kleines Präsent je nach Höhe des aufgenommenen Kredits enthalten. Sinn dieser Maßnahme ist, den Kunden enger an das Kreditinstitut zu binden.

Montanunion

Unter Montanunion ist nicht der Zusammenschluß von 6 europäischen Ländern zur Zusammenarbeit auf dem Gebiet von Kohle und Stahl zu verstehen. Die Montanunion ist ein europäischer Zusammenschluß der Alpenländer, Frankreich, Schweiz, Italien, Österreich und der Bundesrepublik Deutschland. Der Zusammenschluß dient der Lösung gleicher Probleme der Alpenländer, insbesondere soll die Infrastruktur dieser Länder verbessert werden, d.h. die Erschließung durch Bau von Straßen, Liften, Eisstadien, Skipisten. Es werden außerdem die Probleme der Schneeräumung und Lawinenwarnsysteme behandelt.

neokonservativ

Unter neo-konservativ ist nicht eine geistige, soziale und politische Strömung zu verstehen, die in der Erneuerung überkommener, beharrender und bewahrender Werte ihren Sinn sieht.
In der Vergangenheit wurden verschiedene Waren wie Obst und Gemüse in Konserven verpackt. Da sich diese Verpackungsart zur dauerhaften Lagerung sehr bewährt hat, ist man in der letzten Zeit auch dazu übergegangen, andere Produkte in Konserven einzulagern. Die Lagerung dieser Artikel wie Brot, Wurst und Käse in Konserven, die früher nicht üblich war, heißt wegen der Neuheit des Verfahrens „neokonservativ".

Null-Lösung

Unter „Null-Lösung" ist nicht die Abrüstung sowjetischer und Nichtaufstellung amerikanischer Mittelstreckenraketen in Europa zu verstehen. Die „Null-Lösung" ist ein Begriff aus der Chemie. Mit diesem Begriff wird die Nichtlösbarkeit eines festen Stoffes in Säuren oder Basen bezeichnet. Während man sonst von einer 10%, oder 30% oder höherprozentigen Lösung redet, bezeichnet man diese Stoffe als nicht lösbar, die eingebrachten Stoffe einschließlich des Lösungsmittels sind die sog. „Null-Lösung".

Ostblock

Unter Ostblock sind nicht die kommunistisch regierten Länder Osteuropas zu verstehen.

Diese Bezeichnung ist vielmehr in den früheren Jahren der Bundesrepublik Deutschland bei Errichtung von Bonn als Bundeshauptstadt entstanden. Da zunächst geplant war, das Wirtschafts- und Verteidigungsministerium in einem Gebäudekomplex einzurichten, hatte man nach der Himmelsrichtung das Wirtschaftsministerium im Westflügel, das Verteidigungsministerium im Ostflügel oder Ostblock geplant. Während die Bezeichnung für das Wirtschaftsministerium bei späterer Planung wegfiel, hat sich die Bezeichnung „Ostblock" für das Verteidigungsministerium beibehalten, die Verteidigung war im Osten angesiedelt, für den Ostblock zugeteilt. Diese Verbindung hat sich noch heute im Sprachgebrauch erhalten.

Papierzusagen

Papierzusagen sind nicht etwa schriftliche vertragliche Vereinbarungen, die nicht eingehalten werden.
Dieser Begriff stammt aus dem Wirtschaftsleben. Er betraf anfangs nur die Papierindustrie und bezeichnete die Zusage von Papierlieferanten an Zeitungsverlage und Verpackungsfirmen innerhalb einer bestimmten Zeit die zugesagte Menge Papier zu liefern.
Inzwischen gibt es auch in der Büroartikelbranche den Begriff. Hier besagt er, daß Papier zum Fotokopieren, Schreibpapier, Notizblöcke in der handelsüblichen Zeit angeliefert werden.

Parteidisziplin

Unter Parteidisziplin ist nicht die Einhaltung von Parteibeschlüssen aller Mitglieder bzw. Mitgliedsgremien in bestimmten Situationen zu verstehen.

Ähnllich wie beim „Klassenkampf" (s. dort) gibt es im politischen Leben auch Wettkämpfe für Parteien. Sie werden allgemein „Parteidisziplin" genannt. Zu den Parteidisziplinen gehören u.a. folgende Wettbewerbe: schnelles Erkennen der Parteilinie und persönliches Einstellen darauf, Polemik gegen abweichende Ansichten innerhalb der Partei. Umsetzen der Ansicht der Spitze oder der entscheidenden Basis in die Auseinandersetzungspraxis mit Mitgliedern anderer Parteien.

Parteifähigkeit

Die Parteifähigkeit ist nicht das Recht einer Person oder Gesellschaft, Subjekt eines Gerichtsprozesses zu sein. Die Parteifähigkeit ist die Fähigkeit einer Gruppe in einen Landtag, den Bundestag oder den Magistrat einzuziehen. Diese Fähigkeit ist an die Beliebtheit in der Bevölkerung gebunden. In der Bundesrepublik Deutschland hängt die Fähigkeit als Partei in ein derartiges Gremium zu ziehen, von der sog. 5% Klausel ab, d.h. diese Gruppe muß bei einer Wahl mehr als 5% der abgegebenen Stimmen auf sich vereinigen, dann ist diese Gruppe parteifähig.

Parteitag

Der Parteitag ist keine Versammlung einer Partei, in der für die Partei und deren Wirken wichtige Beschlüsse der Mitglieder getroffen werden. Mit dem immer mehr zunehmenden Einfluß der Parteien haben sich diese Feiertage immer weiter ausgebreitet. Die Menschen feiern das Bestehen der Partei. Während früher nur die Mitglieder einer Partei feierten, ist man nunmehr dazu übergegangen, die Parteitage der im Parlament vertretenen Parteien gemeinsam in der Bevölkerung zu begehen. Früher war es noch üblich, daß die Mitglieder der Parteien besondere Veranstaltungen an diesen Tagen besuchten und Vorträge anhörten. Heute sehen die Menschen diese Tage im Jahre nur als arbeitsfreie Zeit an.

Parteiverrat

Unter Parteiverrat versteht man nicht die Untreue des Auftragnehmers (Rechtsanwalt) gegenüber dem Auftraggeber. Der Parteiverrat ist eine böse Beschimpfung von Politikern. Dieser Ausdruck ist in der Bundesrepublik Deutschland nach dem 2. Weltkrieg entstanden. Da große Parteien, um regieren zu können, meist gezwungen waren, mit kleinen Parteien eine Verbindung einzugehen, blieb es nicht aus, daß es zwischen den Parteien über den Kurs der zukünftigen Politik zu Meinungsverschiedenheiten kam. Diese Meinungsverschiedenheiten führten dann in 2 Fällen in der Geschichte der Bundesrepublik Deutschland zu einem Bruch der Verbindung. Die kleinere Partei beschloß daraufhin, mit der anderen großen – bisher in Opposition befindlichen – Partei eine neue Regierung zu bilden. Das nahm die bisherige große Regierungspartei der kleinen Partei so übel, daß sie in der Öffentlichkeit durch ihre Sprecher erklärte, sie sei durch die kleine Partei verraten worden. Darauf hat sich der Begriff „Parteiverrat" herausgebildet.

Politik

Unter Politik versteht man nicht diejenigen Handlungen, die auf die Förderung der Zwecke des Staates und des Gemeinwohls gerichtet sind. Der Poli-Tick ist eine Manie von bestimmten Leuten, viele (vom griechischen Wort polys = viel) Sachen gleichzeitig machen zu wollen. Psychologen sind der Meinung, daß

Schäden die auf eine schwere Kindheit zurückzuführen sind, für diese Krankheit verantwortlich sind. Dabei ist den Kindern in unverantwortlicher Weise klargemacht worden, daß sie sich dauernd um alles, was um sie vorgeht und die Angelegenheit anderer kümmern müssen, statt sich um ihre Sache zu sorgen. Dieser Tick verstärkt sich mit zunehmendem Alter, so daß Poli-Ticker immer den Eindruck haben, sie müßten sich um Alles und Alle kümmern und nur sie seien dazu in der Lage. Leider ist diese Sucht nicht heilbar.

Presseball

Unter einem „Presseball" versteht man nicht ein gesellschaftliches Ereignis mit Tanz, das von der Vereini-

gung der Presse (Zeitung, Funk und Fernsehen) veranstaltet wird.
Der Presseball ist eine Sportart, die zu den Ballsportarten gehört, die meist in großen Hallen veranstaltet werden. Es handelt sich dabei um eine Art Faustball, der aber nur in Weingegenden zur Zeit der Weinlese gespielt wird. Zwei Mannschaften aus benachbarten Weindörfern spielen dieses Spiel, das deswegen „Presseball" heißt, weil damit ausgedrückt werden soll, daß der Anlaß das Pressen der Weintrauben nach der Weinlese ist.

Profitraten

Die Profitrate ist nicht etwa das Verhältnis von Gewinn zum eingesetzten Kapital. Das Profitraten ist ein geliebtes Spiel der Hochfinanz. Es wird meist am Anfang eines Jahres bzw. um die Jahreswende gespielt. Dabei treffen sich mehrere Vertreter dieser Kreise und geben ihren Tipp ab, wie hoch im folgenden Jahr der Gewinn ihres Unternehmens sein werde. Am Ende des Jahres treffen sich diese Leute dann wieder, um den Gewinner zu ermitteln. Derjenige, der mit seiner Voraussage für den Gewinn seines Unternehmens dem tatsächlichen Gewinn am nächsten gekommen ist, hat das Spiel gewonnen.

Radikaler

Ein Radikaler ist nicht eine Person, die rücksichtslos bis zum Äußersten ohne Kompromißbereitschaft ihre Ziele verfolgt. Bei dem Wort „Radikaler" ist klar ersichtlich, wie leicht aus dem ursprünglichen Begriff ein Schimpfwort geworden ist. Zunächst wurde unter einem „Radikalen" ein Mensch verstanden, der Wurzeln, Gemüse aß, also vegetarisch lebte. Dann wurden diejenigen, die vegetarisch lebten, auch „Grüne" genannt, weil sie Beziehung zur Natur hatten. Heute werden Radikale mit den Grünen gleichgesetzt.

Rahmenrichtlinien

Rahmenrichtlinien sind nicht Grundsatzvorschriften auf einem besonderen Gebiet. Eine europäische Marktordnung für den Landwirtschaftsbereich hat für die Bauern auch einige Vorteile gebracht. Das gilt insbesondere für die Rahmenrichtlinien. Sie gelten für die Fälle, in denen der

Bauer von der Milch den Rahm gewinnt, aus dem er später Butter herstellt. Dabei wird einheitlich festgelegt, wie die Milch zu Rahm verarbeitet werden soll, wann die Milch nach dem Melken verarbeitet werden darf. Auch die Vorschriften über die hygienischen Verhältnisse bei der Michverarbeitung sind in den Rahmenrichtlinien enthalten. Man hat dafür auch den Ausdruck „den Rahm abschöpfen" geprägt.

Regierungsbildung

Unter Regierungsbildung versteht man nicht den Zusammenschluß mehrerer Personen zur Aufteilung der Ämter für die Führung der Geschäfte eines staatlichen Gebildes. Leider steht es mit der Allgemeinbildung der Mitglieder einer Regierung nicht immer gut. Deswegen hat man Kurse für Regierungsbildung eingerichtet. Dabei unterrichten Lehrer im Privatunterricht die Minister und Staatssekretäre über die wichtigsten Begriffe von Kultur, Literatur, Geschichte und Kunst und bringen ihnen die Grundbegriffe der englischen und französischen Sprache bei, damit die Regierungsmitglieder sich auch im Ausland sicher bewegen können. Meist wird die Regierungsbildung sich über einen längeren Zeitraum hinziehen.

Revisionismus

Der Revisionismus ist nicht etwa eine gemäßigte Richtung des Marxismus oder die Bestrebung völkerrechtliche Verträge abzuändern.

Revisionismus ist die Wiederholung von Sendungen im Fernsehen. Von einem Teil der Fernsehzuschauer werden die Revisionen als überflüssig angesehen, manchen erscheinen sie lebensnotwendig. In letzter Zeit hört man allgemein, daß die Zahl der Revisionen zugenommen hat, was zu einer Belastung der Fernsehanstalten geführt hat.

Rüstungskontrolle

Die Rüstungskontrolle ist nicht etwa die Kontrolle der Waffen und Waffensysteme von Staaten durch internationale Organisationen.
In Schlössern und Ritterburgen bzw. besonderen Museen gibt es sehr oft wertvolle Ritterrüstungen aus vergangenen Jahrhunderten. Da die Gefahr besteht, daß von Be-

suchern Teile der Rüstung entwendet werden, wird jeden Abend vom Museumswärter bzw. den Besitzern der Schlösser und Burgen kontrolliert, ob die Rüstungen komplett vorhanden sind. Diese Kontrolle wird „Rüstungskontrolle" genannt.

Sachzwang

Unter Sachzwang ist nicht das in der Natur der Sache liegende Erfordernis zu verstehen, in einer bestimmten Weise tätig zu werden. Der Sachzwang ist ein im fortschreitenden Alter des Menschen häufig zu beobachtendes Phänomen. Kommen die Menschen in ein bestimmtes Alter, passen ihnen oft die noch vor kurzem neu angeschafften Sachen (Kleidungsstücke) nicht mehr.

Sie sind ihnen zu eng geworden. Das bedauern sie selbstverständlich und versuchen nunmehr mit Gewalt in diese Sachen zu schlüpfen, dieser Zwang, der darin besteht, in diese Sachen hineinzukommen, wird Sachzwang genannt. Es muß aber bemerkt werden, daß es beim Sachzwang meist nicht ohne Schäden abgeht, so reißen Nähte oder springen Knöpfe ab, Reißverschlüsse klemmen. Der Sachzwang sollte verhindert werden.

Sanierungsmaßnahmen

Sanierungsmaßnahmen sind nicht Aktivitäten zur Gesundung auf verschiedenen Gebieten (Wirtschaft usw.)
Der Begriff „Sanierungsmaßnahmen" ist ein handwerklicher Begriff aus dem Installations-

beruf. Er bezeichnet die Tätigkeit eines Installateurs vor Ausführung seiner Tätigkeit. Bevor der Installateur Wasserleitungen oder Abwasserleitungen verlegt, muß er die genaue Länge der Leitungen ausmessen oder im Sprachgebrauch des Installateurs, er muß das Maß für die Länge der Sanierung (Wasser- und Abwasserleitungen) nehmen. Weiß er das Maß für die Sanierung, hat er also Sanierungsmaßnahmen getroffen, kann mit der Verlegung der Leitung begonnen werden.

Volksvertretung

Unter Volksvertretung sind nicht die aus Wahlen (in einem demokratischen Staat) hervorgehenden Politiker zu verstehen, die innerhalb einer Wahlperiode die Interessen des Volkes bei der Regierung des Staates vertreten sollen. Alljährlich gibt es bei den Volksfesten kleinere Unfälle. Dabei kommt es vor, daß Passanten und Mitwirkende sich auf den Kirmesplätzen die Füße vertreten. Da die Verletzungen, die durch den schlechten Zustand der Plätze ausgelöst werden, meist nur geringfügig sind und sehr schnell heilen, hört man meist nur sehr wenig von den Volksvertretungen.

Vollversammlung

Die Vollversammlung ist nicht die Versammlung aller Mitglieder einer Organisation.
Ein sehr betrüblicher Vorgang, der in der letzten Zeit öfters vorkommt, ist die „Vollversammlung". Damit wird im Volksmund die Tatsache aus-

gedrückt, daß bei Versammlungen gleich welcher Art erhebliche Mengen von Alkohol
teilweise in den Pausen teilweise aber sogar bei den Versammlungen selbst einge-
nommen werden. Darunter
leiden nicht nur die Diskussionsbeiträge, sondern der Wert
dieser Versammlungen wird
fraglich, weil die Teilnehmer
den Vorträgen nicht mehr richtig folgen können. Dadurch
geht aber der Sinn der Versammlungen, Ergebnisse und
Fortschritte für Betriebe und
Verwaltungen zu bringen,
verloren.

Wahlkampflokomotive

Mit „Wahlkampflokomotive"
wird nicht ein besonders
werbewirksamer Wahlredner
bezeichnet.

gedrückt, daß bei Versammlungen gleich welcher Art erhebliche Mengen von Alkohol teilweise in den Pausen teilweise aber sogar bei den Versammlungen selbst eingenommen werden. Darunter leiden nicht nur die Diskussionsbeiträge, sondern der Wert dieser Versammlungen wird fraglich, weil die Teilnehmer den Vorträgen nicht mehr richtig folgen können. Dadurch geht aber der Sinn der Versammlungen, Ergebnisse und Fortschritte für Betriebe und Verwaltungen zu bringen, verloren.

Wahlkampflokomotive

Mit „Wahlkampflokomotive" wird nicht ein besonders werbewirksamer Wahlredner bezeichnet.

steht man das bevorzugte Speiserestaurant eines Bürgers. Das kann je nach Ort und Geschmack des Einzelnen verschieden eingerichtet sein. Die Art der Lokale, die vom Einzelnen bevorzugt werden, reichen vom kleinen Stehimbiß bis zum größten Luxusrestaurant einer jeden Stadt. Es kommt auch vor, daß mehrere Restaurants „Wahllokale" einer Person sind, diese Menschen also das eine Restaurant dann bevorzugen, wenn sie einfach essen gehen wollen und eine andere Gaststätte besuchen, wenn sie luxuriös besondere Spezialitäten genießen wollen.

Warschauer Pakt

Der Warschauer Pakt ist nicht ein Freundschafts- und Beistandsvertrag der kommunistischen Staaten Osteuropas.

Die richtige Bezeichnung für den sog. Warschauer Pakt ist Warschauer Paketaktion. Gemeint ist damit eine Aktion von Ländern aus dem westeuropäischen Raum und der USA, den Bürgern aus Polen zu helfen. Sie schicken Lebensmittelpakete direkt oder über karitative Gemeinschaften nach Polen und unterstützen sie mit Medikamenten. Diese Hilfe ist nötig, weil Polen im Rahmen eines Vertrages die Völker Bulgariens, Ungarns und der Tschechoslowakei unterstützen, die mit ihren Lebensmitteln die Bürger der Sowjetunion unterstützen müssen. Die Sowjetunion trägt dafür als Gegenleistung die Kosten für die Verwaltung und die Organisation der gegenseitigen Lieferungen. Außerdem hat sie die Gesamtverantwortung für das Gelingen, bei Pannen haften die Lieferländer selbst.

Wirtschaftspolitik

Die Wirtschaftspolitik ist nicht der Teil der Politik, der sich mit dem Bereich der Wirtschaft eines Staates beschäftigt. Unter Wirtschaftspolitik versteht man die Reden von Leuten in Gaststätten, auch Wirtschaften genannt, über Tages- und Weltpolitik. Es gehört zu den beliebten Gesprächsstoffen von Gästen in Gastwirtschaften, Kommentare zum Zeitgeschehen und zur Politik abzugeben. Diese Leute kritisieren die Regierung und die Parteien und ihre Vertreter und zeigen Wege auf, wie die Verhältnisse verbessert werden können, das Leben erträglicher gemacht werden und die Gerechtigkeit für alle eingeführt werden kann.

Begriffe aus dem Recht

Ablaufhemmung

Unter Ablaufhemmung ist nicht die Unterbrechung der rechtlichen Verjährung zu verstehen.
Dieser Ausdruck stammt aus dem familiären Bereich. Wer hat es nicht schon erlebt, daß die Toilette verstopft war. Die Ursache dieser Ablaufhemmung kann verschieden sein. Zunächst sollte man mittels eines biegsamen Stabes versuchen, die Verstopfung zu beseitigen, geht das nicht, kann auf die Hilfe des Installateurs nicht verzichtet werden.

Ausschlagungsfrist

Die Ausschlagungsfrist ist nicht etwa die Frist von 6 Wochen, in der der Erbe die Erbschaft ausschlagen kann.

Die Ausschlagungsfrist wird meist von Biologen für den Monat Mai angenommen. In diesem Monat schlagen die Bäume und Pflanzen aus, alles blüht.
In dem Monat der Ausschlagung hat der Bürger besonders sorgfältig darauf zu achten, daß er keine Pflanzen beschädigt, oder junge Triebe abbricht und so das Wachstum der Natur beeinträchtigt wird.

Aussetzung von Amts wegen

Die Aussetzung von Amts wegen ist kein vom Gericht angeordneter Stillstand des Verfahren.
Sie ist vielmehr eine heute kaum gebräuchliche Strafe. Besonders im Altertum, aber

noch bis ins letzte Jahrhundert gab es statt der Todesstrafe die Strafe der Aussetzung. Menschen wurden auf menschenleeren Inseln ausgesetzt, versehen mit dem Lebensnotwendigen, fernab von jeglichen anderen Menschen und starben dort in totaler Einsamkeit. Diese besonders grausame Maßnahme ordnete nicht etwa ein abartiger Mensch an, vielmehr gehörten sie – wie der Name bereits sagt – zu den Strafen, die von Amts wegen erlassen wurden.

Die Aussetzung von Amts wegen war als Maßnahme im Gesetz verankert. Sie befindet sich heute noch in einigen Vorschriften, wird aber nicht angewendet.

Befriedigung durch einstweilige Verfügung

Unter Befriedigung durch einstweilige Verfügung ist nicht die Tatsache gemeint, daß durch die beantragte vorläufige Entscheidung des Gerichts nicht die völlige Befriedigung des Antragstellers erreicht werden darf, also nicht die spätere entgültige Entscheidung vorweggenommen werden darf.
Die Befriedigung durch einstweilige Verfügung ist eine sehr umstrittene Einrichtung. Mit ihr wird von Staats wegen verfügt, wann jemand geschlechtlich als befriedigt zu gelten hat. Diese Verfügung hat den Sinn, eheliche Zwistigkeiten zu regeln. Da dieser Befriedigungszustand, der von der Obrigkeit verordnet ist, nicht entgültig sein kann, sondern nur auf dem

Papier steht, wird er „einstweilig" genannt. Daraus ergibt sich, daß es eigentlich „einstweilige Befriedigung durch Verfügung" heißen müßte.

beschränkt persönliche Dienstbarkeit

Eine beschränkte persönliche Dienstbarkeit ist nicht eine Grundstücksbelastung derart, daß derjenige, zu dessen Gunsten sie erfolgt, das Grundstück in einem beschränkten Umfang benutzen kann.
Unter einer beschränkt persönlichen Dienstbarkeit versteht man einen oder eine Bedienstete von geringem Verstand. In früherer Zeit gab es auf dem Land, den größeren Gutshöfen, einen sog. Dorftrottel, meist eine Person,

die zwar gutmütig und ar-
beitswillig war, jedoch von
nicht ansprechbarer äußerer
Gestalt, grober Physiognomie.
Diese Leute konnten persönlich nur zu wenigen einfachen
Tätigkeiten herangezogen
werden. Sie wurden in Natu-
ralien entlohnt.

Blutschande

Blutschande ist nicht etwa –
wie ab und zu behauptet
wird–, der Vollzug des
Beischlafs mit einem leib-
lichen Abkömmling.
Damit ist der teilweise kata-
strophale Zustand in Großla-
bors und Krankenhäuser
gemeint. Diese Einrichtungen
verwenden das gespendete
oder abgenommene Blut oft
nicht sachgemäß, d.h. sie
verschwenden es in lang-

wierigen Versuch, so daß Patienten, die dringend auf Blut von Spendern angewiesen sind, unter Lebensgefahr auf Blutkonserven warten müssen. Bei einer Diskussion im Bundestag hat dieser Zustand einen Abgeordneten zu der Bemerkung veranlaßt, es handele sich dabei um einen derart unerklärten Zustand, der nur als „Blutschande" bezeichnet werden könne.

Bundesanzeiger

Der Bundesanzeiger ist kein Anzeigeblatt zur Veröffentlichung von öffentlichen Bekanntmachungen.
Der Bundesanzeiger ist der oberste Fahnder der Bundesrepublik Deutschland. Er wird zwar auch Generalbundesan-

walt bezeichnet, bekannter ist aber der Ausdruck „Bundesanzeiger".

Der Bundesanzeiger hat die Aufgabe, überregional schwere, gegen den Staat gerichtete, Verbrechen zu verfolgen und insbesondere den internationalen Terrorismus zu bekämpfen. Daneben gibt es auf Länderebene noch Staatsanzeiger, die ebenfalls Großkriminalität und Terrorismus verfolgen.

Bußgeld

Das Bußgeld ist keine Geldzahlung, die als Sühne für eine sittliche oder rechtliche Schuld zu zahlen ist. Entstanden ist das Bußgeld aus dem mittelhochdeutschen Wort Busengeld. Gemeint ist eine Strafe für die

Leute, die in Gastwirtschaften der weiblichen Bedienung infolge des Bier- oder Weingenusses an die Brust griffen. Da das im Laufe der Zeit überhand nahm und die Kirche sich bei den Landesfürsten um Einschreiten, gegen die immer mehr verkommenden Sitten, verwandten, wurden Busengeldervorschriften erlassen.
Sie halfen die Unsitte einzudämmen und brachten gleichzeitig Geld in die Kassen der Städte und der Herrschenden. Inzwischen wird das Bußgeld auch bei anderen kleinen Verstößen erhoben.

Entscheidung nach Aktenlage

Eine Entscheidung nach Aktenlage ist nicht die Entscheidung des Gerichts in besonderen Fäl-

len (z.B. Säumnis der Parteien) nach dem in der Akte enthaltenen Vorbringen der Parteien bzw. dem Beweisergebnis.
Die Entscheidung nach Aktenlage ist ein Verfahren aus dem früheren Eherecht. Um den Ehepartner eines ehewidrigen Verhaltens zu überführen, versuchte der betrogene Ehepartner den anderen in einer verfänglichen Lage zu überraschen. Damit darauf eine Entscheidung beruhen konnte, mußte eine Amtsperson mitgenommen werden. Stellte dieser Vertreter des Staates fest, daß sich der Ehepartner mit einem anderen Mann oder einer anderen Frau unbekleidet oder nur teilweise bekleidet am bezeichneten Ort aufhielt, konnte eine Entscheidung nach Aktenlage ergehen.

Da heute das Verschulden keine Rolle mehr spielt, ist auch dieses Verfahren zurückgedrängt worden.

Erblasser

Nach dem Erbrecht heißt die Person, deren Vermögen im Todesfalle teilweise oder ganz an eine Dritte Person übergeht oder übergehen soll, nicht Erblasser.
Schon bei der Aussprache dieses Wortes besteht im allgemeinen eine Verwirrung. So gibt es immer noch Leute, die den Begriff „Erb-lasser" aussprechen, obwohl Sprachforscher inzwischen herausgefunden haben, daß es „Erblasser" heißen muß. Der Erblasser trägt seinen Namen daher, daß er, wenn er von den Erbansprüchen der

Erben hört bzw. den frommen Wünschen eines baldigen Todes, zum ersten Mal erblaßt. Ist er dann gestorben, zeichnet sich dann entgültig sein Gesicht und der ganze Körper durch eine große Blässe aus, weshalb die Leute diese Namensbezeichnung auf den Verstorbenen anwandten.

Erschöpfungseinrede

Unter Erschöpfungseinrede ist nicht das Recht des Erben zu verstehen, bei bestimmten Fällen eines überschuldeten Nachlasses die Befriedigung der Nachlaßgläubiger insoweit zu verweigern, als der Nachlaß nicht ausreicht. Die Erschöpfungseinrede ist ein Begriff aus dem Eherecht. Vielfach gibt es eheliche Probleme, weil der Ehemann,

der ziemlich überarbeitet ist,
müde von der Arbeit kommt.
Besteht die Ehefrau nach
mehrfacher Abmahnung auf
dem ehelichen Verkehr, kann
der ermüdete Mann die sog.
Erschöpfungseinrede gebrau-
chen. Er kann 3mal hinter-
einander erklären, er sei
erschöpft. Die Ehefrau hat
dann die Pflicht, von ihrem
Begehren für die Zeit von 2
Stunden abzulassen.
Danach ist die Erschöpfungseinrede seitens des Ehemannes verbraucht, d.h. er darf
nicht mehr behaupten, er sei
erschöpft.

Familiengericht

Das Familiengericht ist nicht
eine Abteilung des Amtsge-
richts, das mit allen
Angelegenheiten befaßt ist,
die Ehe und Familie betreffen.

Das Familiengericht ist ein von Familie zu Familie, von Sippe zu Sippe wechselndes Lieblingsmahl, das meist einmal im Jahr zu einem besonderen Ereignis von allen Familienangehörigen gemeinsam eingenommen wird. Es geht dabei hoch her, wobei Familienprobleme besprochen werden; ab und zu endet es in tätlichen Auseinandersetzungen.

Fleischbeschauungsgesetz

Das Fleischbeschauungsgesetz regelt nicht die amtliche Untersuchung von Schlachtvieh, ob das Fleisch zum Verzehr geeignet ist. Das Fleischbeschauungsgesetz ist ein neues Gesetz, das den Betrieb von Nachtlokalen und Peep-Shows regelt. Damit wird einerseits die Einrichtung dieser Lokale und Amüsierbetriebe geregelt, andererseits die Ausstattung. Die Peep-Shows werden danach nur unter bestimmten Auflagen gestattet, da die Fleischbeschauung wegen angeblicher Entwürdigung der Frauen nicht gestattet werden soll. In Zukunft dürfen nach dem Fleischbeschauungsgesetz nicht mehr Männer in Einzelkabinen nackte Frauen beschauen, vielmehr soll das nur noch in öffentlichen Lokalen in Gemeinschaft von anderen Personen geschehen.

Freizeitarrest

Unter Freizeitarrest versteht man kein Zuchtmittel gegen Jugendliche im Strafprozeß.

Psychologen haben bei der heutigen Hektik des Berufslebens festgestellt, daß immer mehr Leute auch ihre Freizeit noch zu beruflichen Arbeiten benutzen. Das hat zur Folge, daß sie eher krank werden und schließlich eher Berufsunfähigkeitsrente beziehen, weil wegen der Überarbeitung, totale Arbeitsunfähigkeit eintritt. Um bei besonders hartnäckigen Menschen zu verhindern, daß sie auch in der Freizeit arbeiten, haben die Versicherungsanstalten (LVA und BfA) in Zusammenarbeit mit Ärzten ein vielfältiges Freizeitprogramm entwickelt, das diese bedrohten Menschen mitmachen müssen. Da es bei einigen nur möglich ist, sie durch staatlichen Zwang zur Einhaltung der Freizeit zu bringen, ist für diese hartnäckigen Fälle der Freizeitarrest geschaffen worden.

Führungsaufsicht

Unter Führungsaufsicht versteht man nicht eine Maßregel der Besserung und Sicherung für gefährdete und gefährliche Täter, in dem diesen eine besondere Aufsicht zugewiesen wird.

Die Führungsaufsicht ist eine besondere Kontrollfunktion im demokratischen Staat. Sie dient dazu, die Führungskräfte besonders zu kontrollieren, damit Korruption, Amtsmißbrauch, Schlamperei möglichst ausgeschlossen werden. Zunächst wurde die Führungsaufsicht vom ganzen Volk wahrgenommen, inzwischen gibt es einzelne ausgewählte Personen, die diese Tätigkeit ausüben, die sog. Führungsaufseher, die auch ein Führungszeugnis ausstellen.

Gerichtssaal

Unter Gerichtssaal versteht man nicht einen Raum, in dem das Gericht tagt und Gerichtsverhandlungen abhält. Der Gerichtssaal ist ein vornehmer Ausdruck für Restaurant oder Speisesaal. Gerichtssäle unterscheiden sich aber von den übrigen Räumen in Lokalen, insbesondere in der Größe. Dabei handelt es sich meistens um riesige Säle, von denen es heute schon deswegen wenig gibt, weil es nicht so viel Gäste gibt, die es sich leisten können, in derartigen Luxusrestaurants zu speisen. Hauptsächlich findet man solche Säle heute nur noch in Kongreßgebäuden und Bahnhöfen.

Gerichtsstand

Der Gerichtsstand ist nicht etwa die Verpflichtung, sein Recht vor einem bestimmten Gericht geltend zu machen. Während früher der Gerichtsstand – ein kleiner Kiosk mit Werbeschriften für Gerichte – allein der Werbung und Reklame diente, hat man heute auch Gerichtsstände eingerichtet, um im Schnellverfahren kleinere Speisen anzubieten.

Gerichtsstempler

Unter Gerichtsstempler ist nicht die Möglichkeit zu verstehen, die Einzahlung von Gerichtskosten durch einen entsprechenden Stempelaufdruck der Gerichtskasse zu leisten bzw. nachzuweisen.

Ein Gerichtsstempler ist ein Arbeitsloser, der im Gegensatz zu den übrigen Arbeitslosen sein Stempelgeld nicht vom Arbeitsamt sondern den Gerichten erhält. Diese Vorzugsbehandlung hängt mit der Unabhängigkeit der sog. Dritten Gewalt zusammen, d.h. die Gerichte kommen für ihre Arbeitslossen selbst auf.

Grundstücksverkehr

Der begriff „Grundstücksverkehr" bezeichnet nicht den Kauf und Verkauf von Grundstücken und grundstücksgleichen Rechten.
Dieser Begriff wird in zwei verschiedenen Bedeutungen gebraucht:
a) Ursprünglich wurde damit der Beischlaf oder andere geschlechtliche Handlungen auf Grundstücken wie Wiesen, Anlagen, Parks usw. bezeichnet.

Da diese Handlungen im Laufe der Jahrhunderte immer mehr zunahmen, worauf sich eine ganze Berufssparte spezialisierte und notgedrungen, im Zeichen der zunehmenden Motorisierung, Leute ihre Autos auf Grundstücken abstellten bzw. Grundstücke befuhren, entwickelte sich der Ausdruck „Grundstücksverkehr" unabhängig von dem Ursprungsbegriff.

Es wird deshalb heute auch in der Bedeutung

b) Verkehr von Fahrzeugen aller Art sowie von Personen auf Grundstücken benutzt.

Heilung bei Zustellungsmängeln

Unter Heilung bei Zustellungsmängeln versteht man nicht die Möglichkeit, die Mängel

bei der Übergabe (Nichtaus-
händigung oder mangelhafte
Übergabe) gerichtlicher Entscheidungen und Ladungen
nachträglich auszugleichen.
Die Heilung bei Zustellungs-
mängel ist eine schwierige
ärztliche Behandlung im
Krankenhauswesen. Mit einer
Überbeanspruchung von
Krankenhäusern ging es
einher, daß teilweise Zimmer
mit Patienten überbelegt
waren. Unter diesen beeng-
ten Verhältnissen war die
Behandlung bzw. Heilung von
Kranken sehr schwer, alle
Behandlungsräume waren mit
Betten und ärztlichen Geräten
zugestellt. Es läßt sich den-
ken, daß die Heilung von
Patienten unter diesen
schwierigen Bedingungen,
nämlich den Zustellungs-
mängeln, nicht einfach war.
Hinzukam, daß es den

Patienten auch an der nötigen Ruhe fehlte, die ein Heilungsverfahren voraussetzt.

Jurist

Der Jurist ist kein Rechtskundiger, der seine Kenntnisse aufgrund eines Hochschulstudiums mit anschließenden Staatsexamen erworben hat.

Ein Jurist ist ein einfältiger Mensch aus dem Kanton Jura. Er ist für seine Lebensfreude, formalistische Denkweise bekannt. Dieser Mensch ordnet seine Mitbürger nur nach seinen Denkkategorien ein, verliert leicht den Bezug zur Gegenwart und sieht die Umwelt nur in festgelegten Normen und Grenzen. Er bezeichnet sich als Realist, Träume sind ihm zuwider.

kanonisches Recht

Das kanonische Recht regelt nicht das kirchliche Recht der katholischen Kirche.Das kanonische Recht ist eine kleine Sparte aus dem Kriegs– oder Waffenrecht. Es behandelt den Einsatz von Kanonen und schwerer Artellerie. Dazu gehören selbstverständlich auch die Vorschriften, die die Verwendung von Schiffsgeschützen aller Art behandeln.
Da derartige Waffen schwere Verwüstungen verursachen können, außerdem sowohl die Munition als auch die Waffen selbst teuer sind, muß mit ihnen sorgsam und sparsam umgegangen werden.
Den genauen Gebrauch und die Ausbildung an diesen Waffen sind im kanonischen Recht geregelt.

Kanzleivorsteher

Ein Kanzleivorsteher ist nicht der Bürovorsteher in einem Amt oder einem Büro (z.B. Anwaltsbüro).
Dieser Beruf ist aus einer kirchlichen Einrichtung entstanden. Seit Jahrhunderten gibt es in der Kirche eine Kanzel; der Kirchendiener steht während der Predigt an der Kanzel, er wurde deshalb Kanzleivorsteher genannt.
Heute gibt es auch Kanzleivorsteher im profanen Bereich. Diese haben verschiedene Rangstufen inne. Der ranghöchste Kanzleivorsteher ist der Bundeskanzler. Er steht der Bundeskanzel vor und achtet darauf, daß gute Predigten gehalten werden; wie der Kirchendiener sammelt er auch Geld für verschiedene Angelegenheiten.

Kontaktsperre

Die Kontaktsperre ist nicht die vom Gericht bzw. dem Gesetzgeber verfügte Isolierung für, in Haftanstalten, einsitzende Terroristen von Gesinnungsfreunden.
Die Kontaktsperre ist ein Fehler, den Elektriker bei Kurzschlüssen immer wieder suchen und nur unter großen Mühen finden. Er besteht darin, daß plötzlich bei Schaltanlagen der elektrische Kontakt fehlt und auch bei Überbrückungen, der vermutlich schadhaften Stelle, kein Strom fließt. Die Elektriker sprechen dann von einer sog. Kontaktsperre, da immer wieder der Kontakt unterbunden ist.

Kraftloserklärung

Die Kraftloserklärung ist kein Rechtsakt, wodurch Urkunden für unwirksam erklärt werden. Bei älteren Ehemännern nimmt mit dem Alter auch die körperliche Kraft ab, was jungen Ehefrauen überhaupt nicht behagt. Sie beklagen sich darüber bei Freunden und Bekannten. Dennoch ist es der Ehefrau verboten, sich mit anderen Männern einzulassen. Das geht nur, wenn vorher eine staatliche Behörde auf Antrag der Ehefrau den Ehemann für kraftlos hat erklären lassen. Liegt die Kraftloserklärung vor, darf die Ehefrau mit anderen Männern verkehren. Ändert sich der Zustand des Ehemannes und kann er das durch ärztliche Bescheinigung nachweisen, wird die Kraftloserklärung wieder aufgehoben

Kronzeuge

Der Kronzeuge ist nicht etwa eine Einrichtung aus dem angloamerikanischen Recht, nach dem einem Mittäter, für seine Mitwirkung, die Straflosigkeit zugesichert wird, wenn er gegen seinen Komplizen aussagt.
Der Kronzeuge ist nach Einführung der Demokratie ein immer seltener gewordener Beruf.
Er hängt mit dem Recht der Fürsten und Könige zusammen, für sich das Recht der ersten Nacht in Anspruch zu nehmen, d.h. der Landesfürst fand sich zur Hochzeit ein und wohnte der Braut bei. Da daraus vielleicht die Braut schwanger wurde, nannte man den fürstlichen Herren auch Kronzeuge.

Kumulierungsverbot

Unter Kumulierungsverbot versteht man u.a. nicht das Verbot, mehrere steuerliche Vorteile für den gleichen steuerlichen Vorgang in Anspruch zu nehmen. Das Kumulierungsverbot ist ein von der örtlichen Polizeibehörde erlassenes Dekret. Dabei werden Menschenansammlungen an öffentlichen Plätzen und Orten verboten. Diese Kumulierung – auch Demonstration genannt – findet aus verschiedenen Gründen statt, meist aus Protest, wegen eines bestehenden Zustands oder einer angeordneten Maßnahme. Gerade wegen der Einrichtung von Atomkraftwerken, Aufstellung von neuen Waffen, gibt es viele Kumulierungen, die im Einzelfall verboten werden können, wenn sie Gefährdungen von Personen und Sachen erkennen lassen.

Landgericht

Das Landgericht ist kein Gericht, das für Sachen von besonderer Bedeutung besteht, oder als 2. Instanz eingerichtet ist.
Das Landgericht ist eine Spezialität, die nur in ländlichen Gegenden angeboten wird. So kann in einigen Gegenden Weißwurst mit Sauerkraut und in anderen Landstrichen Grünkohl mit Pinkel zu den Spezialitäten gehören, die man als Landgericht bezeichnen kann.
Das Landgericht wechselt von Landstrich zu Landstrich, je nachdem welche Speise am beliebtesten ist.

Löschungsvormerkung

Eine Löschungsvormerkung ist keine, zur Sicherung des Anspruchs auf Löschung einer Hypothek, einzutragende Vormerkung im Grundbuch.

Geht bei der Feuerwehr innerhalb von wenigen Augenblicken Feueralarm, über ausgebrochenes Feuer, an verschiedenen Stellen ein, so daß die Feuerwehr eine Präferenz der verschiedenen Einsätze vornehmen muß, wird bei der Hauptfeuerwache eine sog. Löschungsvormerkung niedergelegt. Das bedeutet, es wird festgestellt, welcher Brandherd den Vorrang hat und welches Feuer zuerst gelöscht wird. Die Löschungsvormerkung hat dazu geführt, daß Streitigkeiten über die Wichtigkeit eines Einsatzes bzw. die Reihenfolge verhindert werden.

Lude

Der Begriff „Lude" ist nicht eine Vulgärbezeichnung für einen Zuhälter.
Darunter ist ein größeres Musikstück zu verstehen. Meist ist es das Hauptstück in einem größeren geistlichen Werk. Ihm voraus geht das Prälude, das das Hauptthema des Lude anspricht und den Hörer in die Thematik einführt.
Im Hauptteil wird das Thema dann in Variationen kunstvoll ausgestaltet und zum Schlußteil hingeleitet. In der heutigen Musik gibt es zwar eine gleiche Aufteilung, doch sind die Namen „Prälude" und „Lude" nicht mehr gebräuchlich.

Organstreitverfahren

Das Organstreitverfahren ist kein Verfahren zur Regelung von Streitigkeiten zwischen obersten staatlichen Organen. Seit Einführung der Organverpflanzung gibt es auch das Organstreitverfahren. Dabei streiten sich die Ärzte darum, welcher Fall wichtiger ist, ob das Organ des Organspenders dem einen oder anderen Patienten eingesetzt werden soll. Da die Patienten teilweise schon geraume Zeit auf ihre Operation warten und neue Hoffnung bekommen, wenn sie hören, es sei ein Organ vorhanden, sind sie umso mehr enttäuscht, wenn sie die Benachteiligten im Organstreitverfahren sind. Um die Streitigkeiten zu schlichten, wäre es angebracht, eine

Organstreitschlichtungsbehörde vom Staat einzusetzen, die die Vordringlichkeit des Einzelfalls zu prüfen hätte.

Paragraph

Unter Paragraph versteht man in der heutigen Zeit nicht das Zeichen für gesetzliche Vorschriften.
Der Paragraph ist ein besonderer Schreiber bei staatlichen Stellen. Er schreibt Verfügungen und Urteile und ist Mädchen für alles. Andererseits wird von allen Stellen das Verschulden immer auf ihn geschoben, wenn etwas nicht in Ordnung ist, oder falsche Entscheidungen an die Öffentlichkeit gelangen. Der Paragraph beteuert dann zwar, er könne nichts dafür, dennoch belastet man ihn da-

mit; es werden sogar manchmal Stimmen laut, der Paragraph müsse abgeschafft werden.

Personenstand unterdrücken

Mit der Unterdrückung des Personenstands ist keinesfalls die Nichtangabe der Person eines anderen z.B. als wirklicher Kindesvater zu verstehen.

Besonders brutale, gewalttätige Handlungen, die meist in Ausnutzung körperlicher Überlegenheit geschehen, werden mit „Personenstand unterdrücken" bezeichnet. So erlebt man bei Sportveranstaltungen oft, daß kleinere Menschen von größeren am Stehen gehindert werden. Beabsichtigt wird dabei, daß

diese Zuschauer, die zum Sitzen genötigt werden, das Sportereignis nicht so gut beobachten können und benachteiligt werden.
Ab und zu erlebt man es aber auch von Sportlern selbst, so beim Fußball, Handball und Basketball, wo Sportler Gegnern ein Bein stellen, sie umstoßen usw. um so deren Personenstand zu unterdrücken.

Pflichtteil

Der Pflichtteil ist nicht der Anteil von Kindern und der Ehefrau am Vermögen des Verstorbenen, der diesen Erben nicht durch Testament entzogen werden kann, es sei denn, es liegen besondere Voraussetzungen vor.

Der Pflichtteil wird auch
Zehnter genannt und war eine
Abgabe, die von den Bauern
ihrem Lehensherren gezahlt
werden mußte; er bestand im
zehnten Teil einer jeden
Sache. Dieser Pflichtteil wurde
später auch Abgabe oder
Steuer genannt und wird auch
heute noch vom Staat und
den Kirchen eingezogen. Im
Unterschied zum Mittelalter
behalten die Kirchen einen
geringen Pflichtteil, während
der Staat nicht nur den
Zehnten einbehält, sondern
sogar in Einzelfällen über 50%
des Gewinnes. Während im
Mittelalter die vom Pflichtteil
Betroffenen gegen diese
Abgaben murrten, wird heute
das Einbehalten des Pflicht-
teils ohne Vorbehalt akzep-
tiert.

Pflichtverteidiger

Der Pflichtverteidiger ist keine Einrichtung im Strafprozeß, bei dem dem Angeklagten, bei besonders schweren Beschuldigungen, vom Staat ein Anwalt als Verteidiger beigeordnet wird.
Der Pflichtverteidiger ist ein Ausdruck aus dem Fußballsport. In letzter Zeit, insbesondere nach der letzten WM geht man wieder zu den alten Fußballregeln zurück und schafft Positionen für den einzelnen Spieler. So gibt es wieder die Stürmer, Läufer und Verteidiger.
Der Pflichtverteidiger ist insoweit eine Neuerung als damit die Pflicht einzelner Spieler ausgedrückt wird, allein Verteidigungsmaßnahmen durchzuführen, sich nicht in den Angriff einzuschalten. Diese Maßnahme

wird vor allem beim abstiegs-
bedrohten Verein angewandt,
um allzuviel Gegentore zu
verhindern.

Rechtsanwalt

Der Rechtsanwalt ist kein
Jurist, der zur Wahrnehmung
fremder Interessen als unab-
hängiges Organ der Rechts-
pflege tätig wird.
Rechtsanwalt ist die Bezeichnung für einen Mann (später
ein Berufsstand), der von der
Gesellschaft, insbesondere
aber den Herrschern des
Volkes und Oberen, immer
ungern gesehen wurde. Man
erlaubte ihm daher nicht, in
der dörflichen oder städtischen Gemeinschaft zu woh-
nen oder zu leben. Meistens
siedelte er sich rechts vom
Gemeindewald in einem

dunklen Winkel an, was zu seiner Bezeichnung führte. Ab und zu wurde er deswegen auch Winkeladvokat gerufen, weil er aus diesem Winkel erst umständlich von einem Dorfbewohner herbeigerufen werden mußte.

Rechtskraft

Unter Rechtskraft versteht man nicht die endgültige, unanfechtbare Entscheidung einer Rechtsentscheidung. Die Rechtskraft ist eine sehr alte Einrichtung. Es hat immer Personen gegeben, die die Autorität rechtsprechender Stellen nicht anerkannten und in und vor den amtlichen Gebäuden randalierten. Um diesen Zwischenfällen vorzubeugen bzw. derartige Personen mit Gewalt zu entfernen, wurden Personen mit großen körperlichen Kräften und furchterregendem Äußeren angestellt, die durch ihr Auftreten notfalls auch durch Gewalt, der Autorität der staatlichen Stellen Geltung verschafften. Sie wurden Rechtskräfte genannt.

Rechtsmangel

Unter Rechtsmangel versteht man nicht den Fehler in einem Vertrag.
Die Rechtsmangel ist eine neuzeitliche Einrichtung auf dem Gebiet des Rechtes, vergleichbar mit der Datenverarbeitung. Entstanden ist die Rechtsmangel aus einer Anwendung der Technologie des Reinigungsgewerbes (Heißmangel) auf das Rechtssytem. Dabei werden Rechtsvor-

schriften im Wege des Rei-
nigungsprozesses von Über-
flüssigkeiten, überholten Bestimmungen befreit, so daß
nur noch der reine, unver-
fälschte, ursprüngliche Gehalt
übrigbleibt.
Meist wird die Rechtsmangel
in höheren Instanzen wirksam
eingesetzt.

Rechtszug

Der Rechtszug beginnt nicht
mit der Einreichung der Klage
und endet nicht mit der
Rechtskraft des Urteils.
In der Rechtsprechung, insbesondere bei großen
Strafverfahren, wird es immer
schwieriger, die Prozesse
ohne größere Vernehmungen
zu beenden. Meist werden
viele Reisen erforderlich, um
allen Anträgen von den

Beschuldigten nachzukommen. Da nicht nur der zeitliche, sondern auch der finanzielle Faktor eine erhebliche Rolle spielt, hat man eigene Rechtszüge eingesetzt. Sie fahren in regelmäßigem Turnus von Ort zu Ort, sowohl im In- wie Ausland. In den Zügen ist jeweils ein Richter, Staatsanwalt und Rechtsanwalt zugegen, die Vernehmungen finden im Zug oder auf den Bahnhöfen statt.

Richter

Unter einem Richter ist nicht etwa ein Mitglied der vom Staat eingesetzten rechtsprechenden Gewalt zu verstehen.

„Richter" war früher die Bezeichnung für den Stammeszauberer. Er hatte die Aufgabe, bei den Toten festzustellen, ob sie tatsächlich bereits tot waren. Zu diesem Zweck trat er, meist einen oder zwei Tage nach dem angeblichen Tod, an die Leiche und stellte mittels seiner empfindlichen Nase fest, ob die Leiche schon Verwesungsgeruch aufwies. Aus der Frage an ihn „Riecht er?" ergab sich dann die Bezeichnung „Richter" als denjenigen, der in „Lebensfragen" über Tod und Leben zu entscheiden hatte.

Selbstkontrahieren

Unter dem Begriff „Selbstkontrahieren" versteht man nicht Geschäfte, die ein Vertreter, im Namen des Vertretenden, mit sich selbst abschließt.

Das Selbstkontrahieren ist eine vom Gesetz her verbotene Tätigkeit. Bezeichnet wird damit die Selbstbefriedigung. Da durch diese Tätigkeit sehr viel Unheil geschah, wurde ein generelles Selbstkontrahierungsverbot erlassen, um die öffentliche und private Moral zu gewährleisten.

Ab und zu werden bei besonders bevorzugten Personen Ausnahmen von diesem, in § 181 BGB festgelegten Verbot, zugelassen.

Strafvollzug

Der Strafvollzug ist nicht die Durchführung einer Freiheitsstrafe.

Hierbei handelt es sich um einen Begriff aus dem Strafrecht, weil er den Transport von Häftlingen betrifft. Da die

Kriminalisierung immer mehr zugenommen hat, reicht der Autotransport von Häftlingen nicht mehr aus. Man hat deswegen der Deutschen Bundesbahn den Transport von Häftlingen übertragen. Je nachdem, ob es sich um einen kleinen oder großen Transport handelt, werden Kurz- oder Vollzüge eingesetzt. Während der Kurzzug meist nur aus 2 Waggons besteht, wird beim Vollzug eine Zahl von 10 oder mehr Waggons für den Transport von Häftlingen bereitgestellt.

Stufenklage

Unter Stufenklage ist nicht das mehrstufige Verfahren in einer Klage zu verstehen, zunächst Rechnungslegung von Beklagten zu verlangen

und dann die Herausgabe
des errechneten Betrages zu
verlangen.
Ein aus dem Orient, im Zuge
der Einwanderung von aus-
ländischen Arbeitnehmern,
immer stärker aufkommender
Brauch, auf den Stufen von
öffentlichen Gebäuden in
lautes Weinen, Schreien
auszubrechen und Klagelie-
der anzustimmen, heißt
Stufenklage.
Ab und zu entstehen aus den
Stufenklagen sogar richtige
Demonstrationen, weil sich
viele den Stufenklagen
anschließen.

Untätigkeitsklage

Die Untätigkeitsklage ist nicht
die Klage, die ihren Namen
aus der Nichtvornahme eines
beantragten Verwaltungs-

aktes durch den Staat erhält und auf Vornahme des Verwaltungsaktes gerichtet ist. Klagen weite Kreise der Bevölkerung, daß der Staat, die Behörden, Kommunen nichts tun, insbesondere Anträge nicht bearbeiten, oder verzögerlich behandeln und dadurch den Staatsbürger benachteiligen, heißen Untätigkeitsklagen. Die Bürger beklagen sich darüber, daß der Staat sofort eingreift, wenn er sich Vorteile verspricht; sollen aber Leistungen der Behörde erbracht werden, dauert es sehr lange, bis diese tätig werden.

Verwahrungsbuch

Das Verwahrungsbuch ist keine vom Notar geführte

Liste, in die die ihm zur
Verwahrung übergebenen
Geldbeträge und Wertge-
genstände eingetragen
werden.
Das Verwahrungsbuch wird
von den Haftanstalten geführt.
In ihm ist der Bestand der
Häftlinge aufgezeichnet. Jeder
Zugang und Abgang von Häftlingen (Verwahrten) wird
genau vermerkt, mit Tag und
Uhrzeit.
Beim Betreten der Haftanstalt
hat der Häftling sich auszu-
weisen und zu schwören, daß
er die in den Personalpa-
pieren verzeichnete Person
ist. Das ist erforderlich, um zu
verhindern, daß nicht falsche
Personen in Haft sitzen.

Vorgreiflichkeit

Unter Vorgreiflichkeit ist nicht der Umstand zu verstehen, daß die Entscheidung eines Rechtsstreits im wesentlichen Umfang vom Bestehen eines Rechtsverhältnisses abhängt, das selbst Gegenstand eines anderen Rechtsstreits ist.
Die Vorgreiflichkeit ist in Prozessen meist sehr schwer zu ermitteln. Darunter ist zu verstehen, wer mit dem Streit begonnen hat, bzw. wer die Handgreiflichkeit begonnen hat. Ist ermittelt worden, daß eine Person vorgreiflich war, also den ersten Schlag ausgeführt hat, kommt ihr die Hauptschuld für die spätere Prügelei und dessen Folge zu. Sie kann sich nicht darauf berufen, sie habe den Ausgang nicht beabsichtigt. Man wird ihr vorwerfen, sie sei vorgreiflich gewesen.

Zeugengebühren

Zeugengebühren sind nicht die Entschädigungsleistungen, die den in einer Gerichtsverhandlung als Zeugen aussagenden Personen vom Staat gewährt werden. Zeugengebühren sind Unterstützungen des Staates – vor allem im Dritten Reich – um den Bevölkerungszuwachs zu fördern. Im Dritten Reich wurden diese Gebühren gezahlt, um als Ansporn zu dienen, die Bevölkerung zu vermehren. Während die Mütter das Mutterverdienstkreuz bekamen, erhielten die Väter die sog. Zeugengebühren, die sich entsprechend erhöhten, wenn die Produktion besonders groß war.

Zeugnisverweigerungs-recht aus beruflichen Gründen

Das Zeugnisverweigerungs-recht aus beruflichen Gründen bedeutet nicht, daß ein Vertreter eines bestimmten Berufes ein gesetzliches Recht vor Gericht hat, die Aussage zu verweigern. Es ist bereits angeklungen, daß es Prämien für die Zeugen gibt. Deswegen darf nur bei besonderen Gründen das Zeugnis verweigert werden. Ein derartiger Ausnahmegrund ist das Zeugnisverweigerungsrecht aus beruflichen Gründen. Innerhalb der beruflichen Tätigkeit darf das Zeugnis selbstverständlich verweigert werden. Das gilt aber auch dann, wenn am nächsten Tag schwere Arbeit, die beruflich bedingt ist, geleistet werden muß. Auch in diesen Fällen darf das Zeugnis verweigert werden.

Zivilrecht

Das Zivilrecht ist nicht das sog. Privatrecht, das die rechtlichen Beziehungen der Bürger untereinander regelt. Im Gegensatz zum Recht für Soldaten gilt das Zivilrecht nur für Nichtangehörige von Streitkräften und andere Uniformträger. Das hat zur Folge, daß nach dem Zivilrecht niemand zum Tode verurteilt werden kann. Andererseits wird dadurch eine möglicherweise ungerechte Klassifizierung der Menschen eingeführt, die dazuführt, daß Post- und Bahnbeamte sowie andere Uniformträger nicht in den Genuß „ziviler Einrichtungen" kommen. Daß das Zivilrecht viele Vergünstigungen bereit hält, zeigt der Ausdruck „zivile Preise" = niedrige Preise; damit wird klar, daß derjenige, der sich als Zivilist ausweisen kann, im Vorteil gegenüber Nichtzivilisten ist.

Zwangsvollstreckung

Unter Zwangsvollstreckung werden nicht die staatlichen Zwangsmaßnahmen in das Vermögen des Schuldners verstanden, die dem Gläubiger gegenüber dem Schuldner, zur Durchsetzung rechtlich unanfechtbarer Ansprüche, möglich sind.
In psychiatrischen Kliniken ist es zur Behandlung psychischer Kranker oft erforderlich,

daß diese ruhig und völlig ausgestreckt in ihren Betten liegen. Da manche Patienten diesem ärztlichen Verlangen oft nicht nachkommen, sondern nur teilweise gestreckt im Bett liegen, muß ab und zu Zwang angewandt werden, um eine Voll-Streckung zu erreichen.

Begriffe aus der Wirtschaft

Abschlagszahlung

Die Abschlagszahlung ist nicht – wie üblicherweise gedacht wird – eine Teilzahlung auf eine Schuld. Unter Abschlagszahlung sind Gebühren, die bei der Benutzung von öffentlichen Toiletten erhoben werden, zu verstehen. Sie dienen zur Bezahlung der Toilettenfrauen und des Reinigungspersonals. Aus den überschüssigen Beträgen werden die Gebäude und hygienischen Einrichtungen renoviert und erhalten. Es wird angestrebt, weitere sog. Abschlagszellen (Klosette) zu bauen, um den Menschen zu helfen, ihre Bedürfnisse zu befriedigen.

Bauherrenmodell

Unter Bauherrenmodell ist keine steuerliche Möglichkeit zu verstehen, als Bauherr von Kaufeigenheimen, unter bestimmten Voraussetzungen, Steuern zu sparen. Das Bauherrenmodell ist ein in der Bundeshauptstadt zwischen dem Bundesfinanzministerium und dem Wohnungsbauministerium stehendes Denkmal eines Bauarbeiters. Es handelt sich um ein Denkmal, das von der Umgebung sehr bedroht ist. Die dem Bundesfinanzministerium zugewandte Seite ist aus Gips, was zur Folge hat, daß jeder Regenguß oder Unrat, der aus dem Bundesfinanzministerium auf das Denkmal fällt, das Modell weiter beschädigt oder aushöhlt. Man munkelt bereits, daß es bald einstürzen wird.

Das Wohnungsbauministerium renoviert andererseits unermündlich, um den Bestand zu erhalten.

Baulastträger

Unter den Baulastträger versteht man nicht diejenige Person oder Organisation, die für die Finanzierung eines Bauvorhabens aufzukommen hat.
Meist sind ausländische Gastarbeiter in der Bundesrepublik Deutschland als Baulastträger angestellt. Sie müssen die schwerste, schmutzigste und am schlechtesten bezahlte Arbeit verrichten. Dabei gehört es zu den Hauptarbeiten am Bau, schwere Lasten wie Ziegelsteine, Mörtel, Zement, Eisenstangen usw. vom Geräte-

und Materiallager auf die Baustelle zu tragen; oft muß er diese Lasten auf das Gerüst, in schwindelnde Höhen, tragen. Es kommt vor, daß Baugesellschaften viele Baulastträger einstellen, um damit den Einsatz von technischen Geräten, wie Kräne usw. zu sparen.

Behördenleiter

Eine Behördenleiter ist nicht der Vorsteher einer Organisation, die staatliche Aufgaben verwaltet.
Eine Anordnung für alle staatlichen und städtischen Behörden besagt, daß in allen Dienstgebäuden eine Leiter zur Ausstattung zu gehören hat. Diese muß so lang sein, daß sämtliche Zimmer einschließlich der Ab-

stellräume jederzeit erreichbar sind. Sie ist an einem gut zugänglichen Platz aufzubewahren, damit sie bei Feuer, Explosion oder Überschwemmungen jederzeit zur Verfügung steht, damit Personen und Sachen gerettet werden können. Man kann demnach aufgrund der Vorschrift sagen: „Ohne Behördenleiter geht nichts".

Bestallung

Die Bestallung kann nicht als Übertragung eines öffentlichen Amtes angesehen werden. Die Bestallung ist ein Begriff aus dem europäischen Agrarrecht. Damit ist eine subventionierte Maßnahme namens der zuständigen Behörden in Brüssel gemeint, Landwirten eine neue Existenz zu sichern, in dem ihnen Zuschüsse für die Einrichtung neuer Ställe gegeben werden. Allgemein hat sich für diese Maßnahme der Ausdruck „Bestallung" durchgesetzt.

Bodenrichtwert

Der Bodenrichtwert ist nicht der von den Finanzbehörden ermittelte Durchschnittswert eines unbebauten Grundstücks.
Der Bodenrichtwert ist ein Ausdruck aus dem Bodenturnen. Der sog. Bodenrichtwert bezeichnet die Mindesterfordernisse eines Turners bei den Pflichtübungen im Bodenturnen. Wird der Bodenrichtwert nicht erreicht, wird der Leistungsturner nicht zur Kür zugelassen.

Börsentermingeschäft

Börsentermingeschäfte sind nicht etwa diejenigen beiderseitigen Verpflichtungen von Vertragspartnern, die zu einem späteren Termin, meist einem Monatsende, zu erfüllen sind und sich nach dem dann bestehenden Kurswert richten.

Ebenso wie bei anderen Waren gibt es auch bei Börsengeschäften Termine, an denen die Preise heruntergesetzt werden. Während das bei üblichen Waren der Sommer- oder Winterschlußverkauf ist, nennen sich diese Termine beim Verkauf von Geldbörsen, Geldbeutel, Brieftasche, die Börsentermingeschäfte. Meist ist es in dieser Branche wie bei der Rauchwarenbranche, daß die Preise im Sommer fallen; das ist deshalb verständlich, da

die Preise für Leder, das
Hauptmaterial von Geld-
börsen, auch im Sommer
ihren Tiefstand haben.

Brandversicherungs-
wert

Der Brandversicherungswert
ist nicht der Wert, der bei
Abschluß der Brandversiche-
rung für das zu versichernde
Gebäude errechnet wird.
Der Brandversicherungswert
ist eine aus den Gebräuchen
einer islamischen Sekte
übernommenen Sitte, Politiker
in Gold und Wertgegenstän-
den aufzuwiegen. Die Einführung dieser Sitte geht auf
einen früheren Bundeskanzler
der BRD zurück und hatte
den Sinn, zunächst festzustellen, welcher Wert den

überparteilichen Organen in unserem Staat bzw. einzelnen Politikern nach versicherungsmathematischen Grundsätzen zukommt. Nach diesem Politiker wurde dieser ermittelte Wert „Brand"versicherungswert genannt.

Buchwert

Unter Buchwert wird nicht der Wertansatz verstanden, mit dem Vermögensgegenstände und Schulden in der Bilanz einer Firma erscheinen.
Der Buchwert ist ein sehr umstrittenes Wertsystem. Es wird insbesondere von allen Literaten angegriffen. Zu Recht behaupten sie, man könne den Wert eines Buches weder von der Aufmachung noch vom Inhalt her objektiv beurteilen. Der Inhalt von Büchern

spreche einen Teil von Lesern an, während er anderen langweilig und uninteressant erscheine.
Je nach Interessengebiet des einzelnen komme dem Buch ein kleinerer oder größerer Stellenwert zu. Auch aus der Anzahl der verkauften Bücher lassen sich danach keine Schlüsse auf den wirklichen „Buchwert" ziehen.

Datenträger

Datenträger sind nicht das Material, auf dem Daten festgehalten und gespeichert werden.
Der Datenträger ist auch heute noch bei Behörden beschäftigt. Da die Behörden keine Kalender anschaffen dürfen, weil diese meist mit Werbeaufdrücken versehen

sind, ist ein Beamter des höheren Dienstes mit dem Rang eines Direktors (wegen der großen Verantwortung) dafür eingesetzt, mit dem Schild, auf dem das Tagesdatum geschrieben ist, Tag für Tag durch die Amtsräume zu gehen. Jeder Mitarbeiter hat das Datum von diesem Schild abzuschreiben, damit er es bei seinen Schreiben berücksichtigt.

Durchschnittssatz

Unter dem „Durchschnittssatz" versteht man nicht die, im Steuerverfahren mögliche, Schätzung aufgrund der in der jeweiligen Geschäfts- oder Berufssparte üblichen Werte. Sprachwissenschaftler haben bei ihren Forschungen und

Untersuchungen eine Anzahl von Floskeln und Redewendungen ermittelt, die der Durchschnittsbürger Tag für Tag in seinem Sprachgebrauch verwendet. Es handelt sich dabei um Sätze „Wie geht es?", „Schönes Wetter heute", „Schönen Gruß" usw. Die Sätze des Durchschnittsbürgers, die Allgemeingut sind, werden, da sie anspruchslos sind und von Bürgern aller Schichten benutzt werden, „Durchschnittssätze" genannt.

Einheitswert

Der Einheitswert ist nicht der steuerlich festgesetzte Wert von Grundstücken, Gewerbebetrieben sowie land- und forstwirtschaftlichen Betrieben.

Der Einheitswert ist eine sehr
umstrittene Sache. Während
die Gegner jeder militärischen
Einrichtung der Ansicht sind,
einer militärischen Einheit
käme kein Wert zu, können
die Befürworter von Rüstung
den Wert nicht genügend her-
vorheben.
Sie beurteilen aber auch nicht
jede Einheit gleich, so kann
z.B. der Wert sich ändern, je
nachdem, ob die Seeflotte
oder eine Panzereinheit gemeint ist.

Einlage

Die Einlage ist nicht der
Betrag in Geld oder Sachwer-
ten, der nach dem Gesell-
schaftsvertrag zur Übernahme
von Gesellschaftsanteilen zu
erbringen ist.

Jeder, der zu große Schuhe
hat und die ersten Wasser-
blasen an den Füßen hat,
wird sich bemühen, Einlagen
für seine Schuhe zu bekommen, um diesem mißlichen
Zustand abzuhelfen.
Einlagen können aus ver-
schiedenem Material herge-
stellt werden. So gibt es Einlagen aus Pappe, Papier, Stoff,
Gummi und Kunststoff, je
nach Beschaffenheit sind sie
von geringer oder größerer
Haltbarkeit.

fob

Mit dem Ausdruck „fob" soll
nicht etwa besagt werden,
daß bei einem Schiffstrans-
port, der Verkäufer das Risiko
für eine Vernichtung oder
Beschädigung der Ware, bis
zur Ankunft, übernimmt.

Fob ist eine Bezeichnung aus dem Karneval, ein harmloser Spaß, der darin besteht, daß einem Anderen ein Streich gespielt wird, durch den er sich ärgern soll. Ägert er sich wirklich und zahlt die Zeche, ist der fob geglückt; wenn er sich nicht ärgert, ist der fob daneben gegangen und der, der den Ärger ausgelöst hat, muß die Zeche zahlen.

Genossenschaft

Die Genossenschaft ist kein gesellschaftlicher Zusammenschluß von Personen zur Förderung des Erwerbs oder der Wirtschaft der Mitglieder mit einem gemeinschaftlichen Geschäftsbetrieb.
Die Genossenschaft ist ein Zusammenschluß von Personen, um das Leben möglichst gut genießen zu können. Der

Vorteil der Genossenschaft liegt darin, daß einerseits das Handeln aller auf möglichst größten Genuß ausgerichtet ist, andererseits bei der Organisation einer Genossenschaft sich im Einkauf von Genußmitteln erhebliche Vorteile (insbesondere Preisvorteile) ergeben. (sog. Einkaufsgenossenschaft)

Genußschein

Der Genußschein ist keine wertparpierrechtliche Urkunde über ein Genußrecht einer Aktiengesellschaft oder Gesellschaft mit beschränkter Haftung, welches Anteilsrechte oder sonstige Vergünstigungen gewährt.
Wie der Name schon sagt, trügt sehr oft der Schein. So ist es auch bei dem in Werbung und Reklame immer

wieder dargestellten Genuß.
Da werden Genußmittel jeglicher Art im Fernsehen, im Radio und anderen Medien mit allen möglichen Vorzügen dargestellt. Hat der Käufer dann das Produkt erworben und ausprobiert, stellt sich meistens heraus, daß der sog. Genuß nur Schein ist.
Es ist deshalb erforderlich, sich nicht vom Schein des Genusses anlocken zu lassen.

Gesellschafter

Ein Gesellschafter ist nicht ein Gefährte, der sich mit anderen zu einem gemeinsamen Zweck zusammengetan hat.
Der Gesellschafter hat die Aufgabe, alleinstehende ältere Damen zu unterhalten, er begleitet sie zu Tanzveranstaltungen, Opernabenden

und zu gesellschaftlichen Vergnügungen; er sorgt auch sonst für ihr Wohlbefinden. Die Bezahlung wird von der betreuten Dame selbst übernommen. Diese Gesellschafter werden meist von Agenturen angestellt, die deren Dienste dann weiter vermitteln.

Harmonisierungs-richtlinie

Harmonisierungsrichtlinien sind keine gesetzlichen Vorschriften zur Abstimmung und Angleichung verschiedener Bereiche der Mitgliedsländer. Unter Harmonisierungsrichtlinie sind Anweisungen für die Spieler und Dirigenten des Harmoniums zu verstehen. Da ein Harmonium nicht leicht zu spielen ist, sind besondere Notenblätter entwikkelt worden, die allgemein verständliche Grundsätze und Anleitungen für den Betrieb und Einsatz dieses Instrumentes enthalten.

Hunderteinunddreißiger

Mit diesem Ausdruck bezeichnet man nicht Personen gemäß Art. 131 GG, die am 08. Mai 1945 im öffentlichen Dienst ausgeschieden sind, nicht in ihrer früheren Stellung beschäftigt worden sind und für die besondere Vorschriften bezüglich ihrer Versorgungsbezüge erlassen worden sind.
Der „Hunderteinunddreißiger" ist ein Ausdruck aus dem Jagdrecht. Bezeichnet wird damit ein besonders kapitaler Hirsch. Infolge des 2. Weltkrieges nahm der Bestand von Nieder- und Hochwild zu,

so daß es viele Hunderteinunddreißiger gab. Sie wurden
trotzdem nicht zum Abschuß
freigegeben und erfreuen
sich großer Beliebtheit. Es
gibt viele Familien, die sich
einen Hunderteinunddreißiger
als Haustier für ihren Lebens-
abend halten.

Indossament

Die Übertragung der Rechte
aus einem Wechsel oder
sonstigen Orderpapiers heißt
nicht Indossament.
Das Indossament ist eine Tätigkeit, die heute allgemein
üblich geworden ist; während
früher meist Gurken, Gemüse
und Obst in Kompottgläsern
eingeweckt wurden, ist diese
Methode immer mehr in den
Hintergrund gedrängt worden.
Heute werden die Lebensmittel
oft in Dosen eingeschlossen,
die Tätigkeit, die nicht von

der Hausfrau, sondern von besonderen Fabrikationsbetrieben ausgeführt wird, heißt „Indossament".

internationale Anlage

Mit diesem Begriff sind keine Wertpapiere von Firmen ausländischer Firmen gemeint, die der längeren Festlegung von Kapital dienen.
Es gibt nur wenige Anlagen in der Welt, die internationalisiert worden sind. Darunter sind Einrichtungen zu verstehen, die nicht einem einzelnen Staat oder Land zugehören, sondern vielen bzw. allen Ländern offenstehen. Gemeint ist z.B. eine Parkanlage, auf deren Grünfläche Menschen aller Länder spazierengehen dürfen. Außer diesen Vergnügungen haben diese internationalen Anlagen keine Bedeutung, sie sind nur sehr kostspielig.

Kapitalerhöhung

Unter Kapitalerhöhung versteht man nicht die Erhöhung des Stammkapitals einer Aktiengesellschaft oder GmbH.
Die Kapitalerhöhung ist ein Berg in Nord-Rhein-Westfalen, auf dem die Anwesen vieler Großunternehmer (sog. Kapitalisten) liegen. Die Kapitalerhöhung ist eine größere Erhebung mit einem schönen Ausblick auf die umliegenden Ländereien und Ortschaften; sie ist bewaldet und von unten nicht einsehbar.

Kapitalherabsetzung

Die Kapitalherabsetzung ist keine Herabsetzung des Stammkapitals einer AG oder GmbH.
Die Kapitalherabsetzung ist ein Begriff aus der Politik. Seit Karl

Marx sich abfällig über das Kapital geäußert hat, gibt es immer wieder Angriffe gegen das Kapital, insbesondere Kommunisten aller Länder können es nicht lassen, das Kapital bei jeder Gelegenheit öffentlich herabzusetzen.

Kartellrecht

Das Recht, das den Zusammenschluß von juristisch und wirtschaftlich selbständigen Unternehmen des gleichen Wirtschaftszweiges, zur Beschränkung der Konkurrenz regelt, heißt nicht Kartellrecht. Bestimmungen, die sich die studentischen Verbindungen gegeben haben, um das Leben innerhalb dieser Gruppe zu regeln, heißen Kartellrecht. Dabei wird festgelegt, wieviel Bier jeder Student am Tag trinken muß und wieviel er höchstens pro Tag arbeiten darf, ohne die Verbindung in Mißkredit zu bringen. Arbeitet beispielsweise ein Student zu viel, muß er die Verbindung verlassen.

Kassenwirtschaft

Unter Kassenwirtschaft sind nicht die Kassengeschäfte im Gegensatz zu Börsentermingeschäften zu verstehen, bei denen die Geschäfte sofort oder innerhalb ganz kurzer, durch Börsengewohnheiten, bestimmte Fristen zu erfüllen sind.
Die Kassenwirtschaft ist eine immer mehr in Mode kommende Art von Selbstbedienungsrestaurants. Der Gast sucht bei Betreten die Speise und das Getränk aus, das er verzehren will und geht dann sofort zur Kasse, um die aus-

gesuchte Speise zu bezahlen. Damit werden hauptsächlich Arbeitskräfte eingespart, außerdem sieht der Gast die Speise sofort, die er essen will.

Kaufpreissammlung

Die Kaufpreissammlung ist keine Sammlung der Finanzbehörden über sämtliche Kauffälle von unbebauten Grundstücken, deren Preise in einer Bodenpreiskarte festgehalten werden und nach denen die Richtwerte für den Bodenpreis festgesetzt werden können. Reicht das Geld des Käufers nicht aus, um den Kaufpreis aufzubringen, so versucht mancher Käufer, das Geld mit Sammeln zu verdienen. Diese Art der Bettelei für den Kaufpreis wird auch Kaufpreissammlung genannt; da der

Käufer die Sammlung nicht auf der Straße, sondern in der vornehmen Gesellschaft durchführt, erfährt man meist wenig von der Kaufpreissammlung.

Kettenverträge

Kettenverträge sind nicht mehrmals aneinander gereihte Arbeitsverträge.
Kettenverträge sind ein Begriff aus dem römischen Recht. Gemeint sind damit Verträge, die Herren mit Schiffseignern über die Überlassung von Sklaven zu Galeerenarbeiten schlossen. Ihren Namen erhielten diese Verträge dadurch, daß die Sklaven mit Ketten auf ihrer Arbeitsstelle angeschmiedet waren und sich allein gegen die Macht des Arbeitgebers nicht zur Wehr setzen konnten.

Kommissionsgeschäft

Ein Kommissionsgeschäft ist nicht die Ausführung eines Auftrags zum Kauf oder Verkauf von Wertpapieren oder Waren für einen anderen. Kommissionsgeschäfte sind vom Gesetzgeber verboten worden. Kommissionen sollen neutral und unabhängig sein und deshalb dürfen Mitglieder in Kommissionen keine Geschäfte machen. Dennoch kommt es immer wieder vor, daß Mitglieder von Kommissionen sich nebenbei an Geschäften beteiligen und ihre Kenntnisse oder Beziehungen aus ihrer Kommissionstätigkeit gewinnbringend nutzen.

Konzern

Ein Konzern ist nicht etwa ein Zusammenschluß mehrerer rechtlich unabhängig bleibender Unternehmen zu einer wirtschaftlichen Einheit, die einheitlich geleitet wird.
Der Konzern ist eine in der Musikwissenschaft bekannte Bezeichnung. Er bezeichnet die Mitwirkung von Musikgruppen verschiedenster Art. Im Gegensatz zum Konzert ist der Konzern eine Gruppe, bei denen das gemeinsame Musizieren nicht im Vordergrund steht, vielmehr versuchen Musikergruppen, ihre Interessen beim Musizieren durchzusetzen, was häufig zu Mißtönen und Disharmonien führt.

Kurzarbeitergeld

Unter Kurzarbeitergeld versteht man nicht die Vergütung, die von der Arbeitslosenversicherung für den Lohnausfall bei Verkürzung der betriebsüblichen Arbeitszeit gezahlt wird.

Das Kurzarbeitergeld ist eine von den Gewerkschaften erstrittene staatlliche, soziale Leistung. Es hat sich oft herausgestellt, daß Menschen wegen ihrer Körpergröße in vielen Bereichen benachteiligt sind. Um diese Nachteile, vor allem beruflicher Art, auszugleichen, hat der Staat ein Kurzarbeitergeld für arbeitende Menschen beider Geschlechter eingeführt. Es wird gezahlt für männliche Arbeitnehmer unter einer Körpergröße von 1,60 m, für weibliche Arbeitnehmer unter einer Körpergröße von 1,45 m.

Ladenhüter

Ladenhüter sind nicht schwer
verkäufliche Sachen.
Im Gegensatz zu den Pförtnern,
die öffentliche Gebäude bewa-
chen und auch für den Schutz
von Fabriken und Betrieben
zuständig sind, ist ein Ladenhüter für Geschäfte jeder Art
verantwortlich. Meistens wird
es sich um ältere Leute handeln, die bereits ergraut sind
und einen leicht verwahrlo-
sten Eindruck machen. Dennoch sind sie zuverlässig
und führen ihren Posten, den
sie selten verlassen, gewis-
senhaft aus.

Liquidation

Unter Liquidation versteht
man nicht die Abwicklung der
Geschäfte einer aufgelösten
Gesellschaft.
Die Liquidation ist ein typi-

scher Ausdruck von Alkoholikern. Damit ist der medizinisch und psychologisch erwiesene Umstand gemeint, daß Alkoholiker nicht eher ruhen, bis sie allen verfügbaren Alkohol ausgetrunken haben. Diesen Drang, alles Flüssige (Alkohol) zu trinken, nennt man Liquidation. Meistens wissen die Alkoholiker nach der Liquidation selbst nicht mehr, was sie tun und lassen. Sie sind nicht steuerbar und überlassen sich allein ihrem Liquidationsdrang.

Meistgebot

Der Begriff „Meistgebot" ist kein Begriff aus dem Zwangsversteigerungsrecht, der die Tatsache bezeichnet, daß derjenige, der das höchste Gebot bei der Versteigerung abgibt, den Zuschlag und damit den Gegenstand gegen Zahlung des gebotenen Geldbetrages erhält.

Das Meistgebot ist eine statistische Erhebung im EG-Raum. Jedes Jahr werden in den EG-Staaten Erhebungen gemacht, auf welchem Rechtsgebiet die meisten Gebote und Verbote in den einzelnen Staaten erlassen wurden. Aber nicht nur die einzelnen Gebiete werden tabellarisch festgehalten und ausgewertet, es gibt auch jetzt schon eine Statistik, welche Vorschriften in allen EG-Staaten gleich oder ähnlich sind. Daraus resultiert das Meistgebot, es ist die Vorschrift, die in allen Staaten dem Inhalt gleich ist. Diese statistische Erhebung dient dem Vorhaben eines künftigen einheitlichen Gesetzbuches.

öffentliche Armenkasse

Unter öffentlicher Armenkasse ist nicht etwa die öffentliche Fürsorge zu verstehen.
Unter der öffentlichen Armenkasse wird im Volksmund der Staat bzw. das Finanzamt genannt. Da der Staat mit vielen Milliarden verschuldet ist, wobei die Zinsen immer höher steigen, wird er immer ärmer. Das Finanzamt treibt zwar Geld ein, dennoch reichen die Gelder nicht aus, um sämtliche Schulden abzulösen.

öffentliche Hand

Unter öffentlicher Hand versteht man nicht die öffentliche Verwaltung, also den Staat oder die Kommunen.
Mit diesem Begriff wird allgemein das Betteln an öffentlichen Stellen und Orten

bezeichnet. Entlehnt wurde
der Begriff aus der Umgangssprache. Bettler, fahrendes
Volk und Musikanten hielten
an öffentlichen Stellen, Kirchen, Rathäusern, Bahnhöfen
und kulturellen Einrichtungen
die Hand auf, wobei sie sich
nicht vor der übrigen
Bevölkerung genierten.

Pensionszusage

Die Pensionszusage ist keine
Zusage des Arbeitgebers an
den Arbeitnehmer, ihm ab
einem bestimmten Alter ein
Ruhegeld zu zahlen.
Unter Pensionszusage ist
eine Zusage von Hotelunter-
nehmen und anderen Beher-
bergungsunternehmen zu
verstehen. Damit wird dem
schriftlich oder telefonisch
angemeldeten Gast mitgeteilt,
daß das bestellte Zimmer frei

ist und zur Verfügung steht und auch für die Verpflegung des Gastes ausreichend gesorgt ist. Schwierigkeiten kann es höchstens mit den Preisen geben, weil die Zusage teilweise von dem früher gemachten Pensionsversprechen abweicht.

Postsparbuch

Das Postsparbuch ist nicht etwa ein von der Bundespost ausgestelltes Sparbuch über ein Konto des Sparers, auf dem gezahlte Einlagen, Zinsen und Abbuchungen des Sparers verzeichnet sind. Das Postsparbuch ist ein bei allen Postämtern geführtes Buch über Sparmaßnahmen bei der Post. In dieses Buch tragen die Postbeamten Vorschläge ein, die zur Einsparung führen sollen, dabei ist es ohne Bedeutung, ob sie selbst auf die Idee von einsparenden Maßnahmen gekommen sind, oder ob sie von Postkunden stammen. Am Ende jedes Kalenderjahres werden die besten Vorschläge für Einsparungen prämiert.

Preisindex

Preisindex ist nicht die von amtlichen Stellen errechnete Meßzahl, die Auskunft gibt über durchschnittliche Preisveränderungen, in verschiedenen Bereichen der Wirtschaft. Preisindex ist vielmehr ein Ausdruck, der weder mit dem Recht noch der Wirtschaft unmittelbar zu tun hat. Er bezeichnet die Tatsache, daß es Schönheitskonkurrenzen gibt, bei denen gewisse Körperteile die Indices (Mehrzahl

von Index) vorgezeigt werden,
um dann prämiert zu werden.
Der dabei errungene Preis,
Gold-, Silber- oder Bronze-
medaille ist der Preisindex.

Recta-Papier

Ein Recta-Papier ist nicht ein
Wertpapier, welches einen
Vermerk „nicht an Order" ent-
hält und deshalb nur gewöhn-
lich übertragen werden kann.
Das „Recta-Papier" ist ein vornehmer Ausdruck für Toilettenpapier. In vornehmen Kreisen ist es verpönt, den Namen
Toilettenpapier zu ge-
brauchen, deswegen hat man
sich dieses Namens bedient,
mit dem der Zweck beschrie-
ben wird. Es kann dahinge-
stellt bleiben, ob der Name
schöner ist und sich einbür-
gern wird.

Rücklage

Eine Rücklage ist nicht eine Reserve von finanziellen Mitteln eines Betriebes, für besondere Zwecke.

Eine beim Skifahren immer wieder beobachtete falsche Körperhaltung, die zum Sturz und damit verbunden zu schweren Verletzungen führen kann, heißt Rücklage. Man sollte deshalb die Rücklage nicht übertreiben, damit man nicht aus dem Gleichgewicht kommt und Schäden erleidet, die zu schweren dauerhaften Beeinträchtigungen führen können.

Schachtelgesellschaft

Eine Schachtelgesellschaft ist keine Gesellschaft, die zu einer anderen Gesellschaft im Verhältnis der Unter- und Überordnung steht.

Darunter versteht man Gesellschaften, die sich mit Ankauf und Absatz von Verpackungsmaterial befassen. Diese Branche hat sehr zugenommen, da alle Welt ihre Erzeugnisse in Schachteln, Kartons oder Papier verpackt und der Bedarf immer größer wird. Es gibt in letzter Zeit von Regierungsseite Bestrebungen, den Schachtelgesellschaften auch Pflichten bezüglich der Beseitigung alten Verpackungsmaterials aufzuerlegen, um diesen Sektor besser überwachen zu können.